鈴木ふさ子

Fusako Suzuki

氷上のドリアン・グレイ

美しき男子フィギュアスケーターたち

Dorian Gray On Ice

アーツアンドクラフツ

氷上のドリアン・グレイ

美しき男子フィギュアスケーターたち

Dorian Gray On Ice

目次

装幀……芦澤泰偉

カバー写真・扉写真……高須 力

プロローグ

君を夏の一日にたとえようか。
君はもっと美しく、優しい。
手荒な風は五月の愛らしい蕾をゆすり、
夏の季節はあまりにも短かすぎる。
ときに天の眼はあまりにも烈しく照らす。
また、ともすれば、その金色の顔色はかげって曇る。
偶然か自然の変化によってか美をはぎとられて、
あらゆる美しいものも、やがては衰える。
だが君の永遠の夏は色褪せることはない、
君の美しさはなくなることがない。
死もその影に君がさまようと言い誇れまい、
君は永遠の詩の中に生きて、時そのものに同化する、
　人間が息をするかぎり、眼が見えるかぎり
この詩は生き続け、君に生命を与えるのだ。

（ウィリアム・シェイクスピア、田中晏男訳『ソネット集』第十八番）

美の襲撃──宿命のスケーター

出逢いはつねに偶然をはらむ。美しいもの、素晴らしいものとの遭遇である。大学の講義が終わった二月。突然に襲った人生の変化に心は乱れ、誰に会う気もせず、どこへ行く気もせず、ただ自分の下した決断に怯えて涙を流していた日々。私はひとりで二〇〇六年イタリアのトリノで開催されていた冬季五輪の試合を見ていた。

四年に一度巡ってくるこの冬の祭典の最終種目はフィギュアスケートだった。この時総合五位に終わった米国代表のジョニー・ウィアーのフリープログラムの演技が私の心を捉えた。ショートプログラムでロシアのエフゲニー・プルシェンコに次ぐ二位に躍り出たウィアーは、フリーでミスを連発。全米中で期待されていたメダルを逃した。ウィアーならではの優美なスケーティングを完璧に披露したショートの「白鳥」ならまだしも、無惨な結果に終わったフリー「オトナル──秋によせて」の演技に魅せられたとなると、多くの人が首をひねるだろう。だが、出口のない迷路に入り込んでしまった当時の私の心に、この類まれな美しいスケーターの挫折ほど呼応するものはなかったのだ。

トリノ五輪における男子フィギュアの覇者は誰もが予想していた通り、プルシェンコであった。ソルトレイク五輪で同じくロシアのアレクセイ・ヤグディンと死闘の末、銀メダルで終わったプルシェンコは四年後の決戦の地では、他の選手から頭ひとつ抜きん出た存在として、完全に他を圧していた。だが、銀メダル、銅メダルに関してはメダル候補の選手が多くいたため予測が困難であった。この時代の男子フィギュアはまさに百花繚乱であった。

ストレートのサラサラの金髪に碧眼のプルシェンコはロシアの皇帝のような風格を備えていたし、フランスのブライアン・ジュベールはトム・クルーズばりのマスクと鍛え抜かれた体軀の持ち主であり、カナダのジェフリー・バトルは少年のように細身でディズニーランドの王子様のような笑顔を浮かべ、ステファン・ランビエルは往年のフランス映画の俳優ジェラール・フィリップを彷彿とさせた。

フィギュアスケートが肉体で表現するものである以上、技術や表現力を伝える媒体となる容姿は大きな要素を持つ。スポーツなのだから実力が問われるのは当然だが、スケーターの容姿と演技は渾然一体とならなければ感動は生まれない。喜劇役者のような雰囲気のスケーターがロマンティックな王子を滑っても甘い気分には浸れないだろうし、小柄で華奢なスケーターが戦士のテーマで演技をしても迫力に欠けるだろう。プログラムの選別にも歌舞伎や映画の配役に近い取捨選択、向き不向きというものがあるのではないだろうか。

ジョニー・ウィアーというスケーターはまさにひとつの美の形を私に提示してくれた。当時、二十一歳だったウィアーは少年期と青年期の端境期《はざかいき》にあって危ういほど脆く、それゆえに移ろいやすい独特な雰囲気を放っていた。「オトナル——秋によせて」の繊細なピアノの旋律は、ガラス細工のような透明感と暗鬱な倦怠感《アンニュイ》をひと匙加えたような顔立ち、細いその身体、隅々まではりつめた清潔感と官能的な手のしなりに完全に一致していた。まるでワイルドの童話「幸福な王子」の姿を思わせる少し長めの髪の毛を無造作におろし、初々しさと恥じらいを感じさせる彼は、十九世紀末の小説の主人公の醸《かも》す憂いと繊細さ、優雅のすべてを表す。この美の化身は私の心を金色の矢で射抜いたのだ。

かくしてフィギュアスケートと私との蜜月が始まった。

絶対的な瞬間の共有

十年近い歳月が流れた。熱狂は醒めて今は優しい光が射している。だが、私に訪れた〈美の襲撃〉は、いま思い出しても燦然《さんぜん》と輝き続けている。ひとりきりで訪れたニューヨークの摩天楼やロシアの鈍色《にびいろ》の空、フランスのマロニエの街路樹、わずか数分間の演技のために自己の人生の大半を費やすストイックで純粋なスケーターたちのあのひたむきな瞳――それは宝石箱の蓋をそっと開いて色とりどりに煌《きら》めく宝石を愛でる喜びに似ている。

むろん、スケーターたちの美しさは宝石とは異なる。悲しいことに人間の身体はダイヤモンドのように永遠に輝き続けることはできない。老いて朽ちるという定めを持つ。その肉体を通してしか表現できない身体芸術の哀しい宿命を負っている。だからこそ、彼らの演技には一回性の価値がある。同じ衣装で、同じ音楽でいつものプログラムを演じていても、指先の動き、ジャンプの高さ、表情は毎回常に微妙に異なり、前回と同じではありえない。すべての公演に行くファンがいる。絶対的な瞬間に立ち会いたいという、身体表現に魅入られた人のごく素直な欲求である。

私たちがいまこの瞬間を生きている日常についても同じだ。だが、流れてゆく日々の中で輝く刹那を意識するのは難しい。スケートはそれを可能にする。刻一刻変化していく肉体、体調、その会場の空気、観客の反応――どれひとつをとってみても同じ経験ではない、たった一回きりで終わるその場に身を置くこと、スケーターたちとその瞬間を共有すること、それが特別なものになるからだ。

スケーターたちは現実世界とは切り離された異次元へと私たちを誘《いざな》ってくれる水先案内人《ナビゲーター》なのである。彼らが差し伸べる大きな翼に乗って私たちも飛翔する。スケーターたちが演じる悲しい恋や喜劇、滾《たぎ》る想い、瞑想、祈りの世界へと……。その世界を分かち合える喜び。時空を共にするだけでなく、心まで一体化するのだ。日常の苦悩や不満を忘れ、スポットライトを浴びている彼らとともに羽ばたいている。

バンクーバー五輪の二か月前、代表選考となる全米選手権直前のジョニー・ウィアーを取材するためにクリスマスのニューヨークを訪れた。日本のファンへのメッセージをお願いしたところ、ウィアーは次のように答えてくれた。

日本のファンはアスリートを理解しようとしてくれる。結果だけでなく、全体を、人生を見てくれる。僕が人生で嫌なことがあるように、何かもっと嫌なこと、違う状況にいても同じように辛い思いをしている誰かがいる。僕は氷の上にいる時、そんな人たちが一緒にひとつの波に乗っているような、そんな気がしているんだよ。

観客だけではないのだ。たったひとりであの氷の上に立つスケーターも観客と自らが表現する世界に浮遊していることを感じているのだ。そして、ひと時の夢を見る。

こうした一回性はパフォーマンスにとどまらない。幸運にも取材のためにショーの練習風景、個人のリンクや更衣室を見せてもらったこともある。インタビュアーとして直接話を聞くこともできた。その時彼らが語った言葉、真剣な眼差し、屈託のない笑顔、それらももう二度と再生のきかないものなのだ。

永遠の生命を吹き込む

いつかは滅びるものだからこそ、言葉という形でとどめたい――その想いが強まるにつれ、冒頭に掲げた『ソネット集』第十八番の言葉が真実味を帯びて迫ってくる。引用した第十八番は、シェイクスピアが美貌の貴公子に宛てたもので、この詩集に収められた数あるソネットの中でも最も有名なもののひとつである。

イギリスの初夏の穏やかな一日。薔薇が咲き乱れ、優しいそよ風がその香《かぐわ》しい薫りを届け、柔らかな陽射しはすべてを輝かせる――そんな美しい夏の一日《ひとひ》を青春の盛りにある美青年に重ね合わせたシェイクスピア。人間の美は潰《つい》えていく運命にあるが、詩人はその定めに詩という武器を持って敢然と立ち向かう。夏の日のように輝かしい青年の美しさを絶唱し、彼の美を詩の中に永遠に封じ込めてみせる。真空のガラス瓶の中で生き続けたかのように四百年以上経ったいまも、私たちはこのソネットに謳われた貴公子の麗しさ――その薔薇色の頬、いきいきした瞳、豊かな柔らかい髪の毛、甘い香り――を思い浮かべることができる。これこそが言葉の力であり、芸術の力であろう。ただの恋愛詩とは異なり、対象を賛美するだけで終わらない、この言葉の力を信じよう。そして私も、言葉によって美しきフィギュアスケーターたちに永遠の生命《いのち》を吹き込むことはできないのか。それが本書の夢である。

その美をとどめたいと思う貴公子は五人いる。羽生結弦、髙橋大輔、ブライアン・ジュベール、トマシュ・ヴェルネル、そしてジョニー・ウィアーである。いずれも私が取材などで何度か接した、あるいは、目にしたことのある魅力あるスケーターたちに特化した。これは、フィギュアスケートという芸術に材を取った、いわば印象批評的な美の記録なのである。

怜悧な眼差しのロミオ

羽生結弦

Yuzuru HANYU

恋の軽い翼でこの塀は飛びこえました、
石垣などでどうして恋をしめ出せましょう。
恋がなしうることならどんな危険も恋はおかすもの、
この家のものがどうしてぼくを妨げられましょう。

（ウィリアム・シェイクスピア、小田島雄志訳『ロミオとジュリエット』第二幕第二場より）

弟のような少年

九月初旬の新潟は想像以上に蒸していた。私が初めて羽生結弦と言葉を交わしたのは、この朱鷺《とき》メッセコンベンションセンターで行われた二〇一一年のアイスショーを取材した時であった。会場の通路には恒例のスケーターたちへの色とりどりの花輪が並べられていた。その中でも私の目を引いたのは、クマのプーさんの大きなメッセージプレートに「羽生結弦様へ　祝御出演」と書かれた大きなハート型の花輪であった。

雑誌の企画でアルトゥール・ガチンスキーとエリザベート・トゥクタミシェワと羽生との対談を行った時のことである。インタビュアーがロシア人のふたりに英語で質問すると、それを通訳がロシア語に直し、ロシア語で返ってくる答えを通訳が英語にする。その英語の応答を羽生に通訳するという役割を仰せつかったのが私だった。

このロシアの若手ふたりは、ヤグディン、プルシェンコなど五輪王者を育てた名伯楽アレクセイ・ミーシンコーチの秘蔵っ子たちであった。特にガチンスキーはこの数か月前、ロシアで開催された世界選手権において、十七歳の若さで銅メダルを獲得した。実に七年ぶりにロシアにメダルをもたらした彼は、ミーシンコーチ門下生ということもあり、幼い頃からポスト・プルシェンコの呼び声が高かった。そのことを初出場の世界選手権の表彰台入りで証明した形となり、一躍注目を浴びていた。羽生にとってガチンスキーは、ジュニア時代から戦ってきたライバルのひとりであった。二〇一〇年三月の世界ジュニア選手権では彼を下して羽生がチャンピオンになった。だが、二〇一一年の世界選手権ではその彼に一歩リードされた形になる。当時も日本男子の選手層は厚く、トップスリーである髙橋大輔、織田信成、小塚崇彦という壁が高く立ちはだかっていた。実力と若さ溢れる羽生でさえもその牙城《がじょう》を崩すことができなかった。このように日本代表として世界選手権に派遣されることができず、そもそもガチンスキーと同じ土俵に立てなかったこと自体が羽生の痛恨事であった。

さらに、今となっては信じられないことであるが、当時の羽生が課題にしていたのは四回転ジャンプであった。それに対し、このひとつ年嵩のロシアの少年は、すでに数種類の四回転を下りていた。それから四年後の二〇一五年の年の暮れに、羽生が五輪チャンピオンとして栄光の花道へと邁進していく中、ガチンスキーは度重なる怪我のため競技の世界からひっそりと姿を消した。アスリートの世界は苛酷だ。ふたりが戦う様子を目にすることはもう二度とないだろうが、十六歳の羽生はロシアの少年の世界選手権での大躍進劇に悔しさと自分の不甲斐なさとを感じずにはいられなかった。

世界選手権の男子フリーを観たあとは、……夜、三時くらいまで眠れませんでした。「くそー！」って（笑）。「彼（ガチンスキー）があんなに跳んでるのに、なんで僕、四回転跳べないんだよ！」

って。ちょうどそのころ、プリンスアイスワールドに出させてもらっていて、フィナーレで四回転に挑戦していたんです。でも十回公演のうち、決まったのは二発だけ。このことも、超悔しくて！「なんで僕は跳べないんだろう。もーう！」って思いながら、何回も、何回も四回転のイメージトレーニングをしていて、そうしたらだんだん興奮してきて、三時まで眠れなくなっちゃった（笑）。

なんと清々しい感想だろう！　妬みや羨みなどの感情が微塵も感じられないほどの素直な悔しがりようである。明るく健全な、闘志を包み隠さずに話す邪気のなさが微笑ましい。

他ならぬそのガチンスキーとの対談の席である。その時、ガチンスキーとトゥクタミシェワが入ってきた。いかにもロシアのスケーターらしく柔らかにカールした長い金髪が無造作に顔の一部を覆い、独特のアンニュイな雰囲気を醸し出すガチンスキー。羽生も「緊張するー！」と賑やかに騒ぎながら腰かけた。

私は海外スケーターの取材を担当することがほとんどだったので、取材時には質問を英語で書き留めた取材ノートを常に携帯しており、その日もいつものようにそのノートを手にしていた。すると、隣に座っていた羽生が開いていた頁を指差して、「ねえ、それ、中身、みんな英語？」と声をかけてきた。かなり年上の私に物怖じするふうもなく、まるで同世代に話しかけるような口調であった。高校時代の席替えの時に隣の席になった男の子が自分から気さくに話しかけてくれると、ちょっと嬉しくなった――あの感覚に近いものがあった。「ええ、そうです」と頷くと、十六歳の少年は目を丸くして「すげえ、すげえ！　全部英語？　すげえ！」と大きな声で派手に感心してくれた。

対談が始まった。羽生は日本語で質問の受け答えをし、それを通訳がガチンスキーたちに伝え、ガチンスキーたちはロシア語で答える。そのふたりが話すことがまた英語に直され、それを通訳が日本語にして羽生に伝えるというスタイルだったので、相手への通訳の時間は手持無沙汰だったのかもしれない。少年羽生は、今度は「ねえ、あれ、面白い。気になる」と私に耳打ちをし、ガチンスキーの足の方に視線を向ける。その視線をたどると、そこには、バミューダパンツから露わになった金色のすね毛が光るガチンスキーのナマ足。そしてその足にはなんと毛糸で編んだようななんとも風変りな靴下のようなブーツが……。外は蒸し暑かった。夏用のバミューダパンツと冬用の防寒ブーツ――たしかにちょっと不思議な取り合わせである。「本当。どうしてあんな靴はいているのかしら？」と、こちらも小声で答えると、「ねえ、気になる！　気になるよ～！　あとで聞いてみて」とせがむ。

それにしても何と目ざとく、利発な子だろう！　それにちょっと男の子っぽくって可愛い！――それが、彼に抱いた私の第一印象である。後になって羽生には四歳年上の姉がいて、自他共に認めるお姉ちゃん子であると知って納得した。スケートもその姉の背を追いかけて始めたという。年上の私の懐に入ってくるような、この気さくで甘え上手な一面は弟の持つ魅力だったのだろう。

その翌日から、顔を合わせるたびに、必ず羽生の方から「おはようございます」、「こんにちは」とハキハキと頭を下げて挨拶をしてくれた。注意して見てみると、他のスタッフにも同じように自ら挨拶をして、帰る時にはスタッフに感謝のメッセージを綴ったカードを残した。少しやんちゃな男の子の一面といかにも育ちのよさそうな礼儀正しさが同居した少年の姿が鮮やかな印象として刻まれている。この少年がほどなく世界を瞠目させるスケーターになるとはその時は思い至らなかった。

このアイスショーの半年ほど前の三月十一日に、突然多くの人の運命を変えたあの東日本大震災が起こった。よく知られているように、仙台出身の羽生も、その被災者のひとりであった。家族と共に過ごした避難所生活。ホームリンクの半壊。震災から十日が過ぎて幼少時のコーチを頼って東神奈川のリンクで練習を再開した時にはすっかり筋肉が落ちて、四回転はおろか得意のアクセル以外は三回転ジャンプさえも飛べなくなっていた。それからはショーに出演する傍ら、会場のリンクで試合のための練習にも励む毎日。出演したショーはおよそ六十回。次のシーズンの準備をしなければならない現役の選手、しかもショーの経験に乏しい十六歳の少年にとっては、体力的にも精神的にも信じがたい数である。しかも各地を転々とするホテル暮らしという不安定な生活環境のもとである。いま思えば、私が初めて言葉を交わした時の羽生はそんな苦難の只中にいたのだ。

多感な少年の心に震災は大きな爪痕を残した。練習拠点を失っただけではなかった。直後は大地震の強烈な記憶が蘇り、恐怖に襲われる時間が続いた。被災した人々のことを思えば、苦しむ人の手助けもせずにスケートをしていていいのだろうかという罪悪感にも似た疑問が荒波のように押し寄せてくる。スケートに向かう心は大きく揺さぶられた。

だが、アイスショーで見かける彼はそんな翳《かげり》を見せることはなかった。むしろ彼は持ち前の聡明さと意志の力で、震災後の不安定で不自由な日々を自分の糧へと変えていったのである。指導してくれるコーチがそばにいない分、間近で目にするトップスケーターたちの演技から必要なものをぐんぐんと吸収し、積極的にアドバイスを仰いだ。これは仙台では得難い、ショーならではの貴重な経験であった。精神面では、スケートにより深く向き合い、スケートに人生を捧げる覚悟を新たにすることができた。

もちろん滑ることそのものも大事ですし、被災地に思いを届けたいという姿勢も大事。でも僕たちは、ここまでスケートを続けてきて、グランプリシリーズや世界の舞台に立つ権利をもらっている。そこで結果を出すことは、僕たちにしかできないことです。(中略)やっぱり結果を見れば、みなさん喜んでくださる。支えてくださったみなさんへの、恩返しにもなる。だからまずは自分のために精一杯滑って、さらに結果も出して、本当に小さなものかもしれないけれど、被災者の方の力になれれば……。

滑ることの喜びや多くの人たちに支えられていることに対する感謝の気持ちが自然に胸に湧き上がってきたからこその言葉である。楽屋裏で頭を下げていた華奢な少年の姿が瞼の裏に浮かんでくる。あの時彼が口にしたお礼の言葉は、単なる儀礼を超えた、より切実な真心に根ざしたものだったにちがいない。

バイオリニスト川井郁子の奏でる音色にのせて滑る「ホワイト・レジェンド（「白鳥の湖」より）」は、被災後に出演した神戸のチャリティショーで滑ってから羽生にとって特別なプログラムになった。羽生はこの音楽から浮かび上がってくる不安、苦悩、復活の物語を自分の経験と重ね合わせることで、初めて深い感情を込めることができたのである。演技終了後には観客にもその想いが伝わり、自分自身も感動に満たされるという経験をした。このプログラムはその後の羽生の競技人生で特別な場面で演じられることになる。弟のように無邪気に見えた少年は、華やかな舞台の裏でもがき苦しんでいたのだ。――その苦しみの中から何が生れてくるのか、私は彼の演技を見ながら、その行方に思いを馳せた。

フィギュアの世界の『ロミオとジュリエット』

震災が起こってから一年が過ぎた二〇一二年三月末、シーズンを締めくくる世界選手権が南フランスのニースで行われた。

エメラルドグリーンに輝く地中海に抱かれたヨーロッパ屈指のリゾート地の燦々と降り注ぐ陽光に包まれて、羽生は世界の頂点に向けて確実に飛び立っていた。シニアデビュー二年目、しかも初出場にして見事に銅メダルを勝ち取ったのだ。上位の顔ぶれを見ると、一位はパトリック・チャン、二位は髙橋大輔、四位はブライアン・ジュベール。いずれも歴代世界王者たちである。ショート七位から見事にフリーで二位に食い込み、強豪との争いの中でつかみとった栄光は、被災から這い上がった十七歳の少年の軌跡に似てドラマティックでさえあった。後年、羽生はこの時の演技を最もよいパフォーマンスのひとつとして、しばしば見返している。

逆転劇を見せたフリーの物語《ストーリー》は、シェイクスピアの恋愛悲劇『ロミオとジュリエット』である。

十四世紀のイタリアのヴェローナを舞台に、敵対する両家（モンタギュー家とキャピュレット家）の子供たちロミオとジュリエットはひと目で激しい恋に落ち、若さと情熱に任せて、出会いの翌日、ロミオの友人である修道士ロレンスを通じて秘密裡に結婚する。そんな矢先、友人のマーキューシオがティボルトに殺害される。ロミオはこの事件に巻き込まれ、ティボルトを殺《あや》めてしまう。このことでロミオは国外追放を宣告される。その夜、ロミオはジュリエットの寝室を訪れ、ふたりは真に結ばれる。翌朝ロミオがヴェローナを発つと、ジュリエットに別の男性との縁談が浮上する。しかし、ロレンスの計らいで、婚礼の前夜に仮死状態になる薬を服用したジュリエットは、弔われ、霊廟に安置される。ジュリエットが目を覚ます頃にロミオが迎えに来るという算段であったのだ。だが、わずかな手違いにより、ロミオは真実を知らぬまま、ジュリエット死亡の噂を伝え聞き、霊廟を訪れる。墓に横たわるジュリエットを目にして絶望したロミオは服毒自殺を図る。目覚めたジュリエットもロミオの後を追い、短剣で命を断つ。最愛のわが子を失った両家は和解に至る。

ロミオ十六歳、ジュリエット十四歳という若いふたりのたった五日間の出来事を描いたこの物語は、悲劇でありながら、激しくも儚《はかな》い、まるで生き急ぐかのようなふたりの愛が、それを阻む大人たちの醜さと対比されることで、より美しく純粋に輝き、清々しささえ感じさせる。戯曲としてそのまま演じられることはもちろん、バレエやミュージカルの演目にもなっており、何度も映画化されている。それ以外にもミュージカル『ウエストサイド物語』や『タイタニック』などのモチーフになっており、私たちがなんらかの形でこの物語に触れる機会は多い。このように内容が広く知られているせいばかりでなく、バレエや映画化により曲のヴァリエーションが豊富なこともあってか、『ロミオとジュリエット』はフィギュアスケートでは定番のプログラムである。

だが、どれだけのスケーターがシェイクスピアの原作に忠実に滑っているのだろうか。たとえば、主人公ふたりの性格についてはどうだろう。特にロミオの性格。彼はもともとロザラインという、つれなき美女への叶わぬ恋にふさぎ込む日々を過ごし、友人たちにからかわれていた。そもそもロミオはこのロザラインが目当てで危険をも顧みずキャピュレット家の晩餐会に紛れ込んだのだ。ところが、ジュリエットに出会うなり、ロザラインへの恋はどこへ吹き飛んだのか、ジュリエットに夢中になる。そしてその場でジュリエットの清らかな唇を奪うのである。

その夜、ジュリエットの面影を求めて、キャピュレット家の庭に忍び込んだロミオは、バルコニーでジュリエットが自分への想いの丈《たけ》をひとり語りするのを耳にする。「ロミオ、その名をおすてになって、あなたとかかわりのないその名をすてたかわりに、この私を受けとって」というジュリエットの問いかけに思わず飛び出して行って「受けとります、おことばどおり。恋人と呼んでください、それが僕の新たな洗礼、これからはもうけっしてロミオではありません」と答えるロミオ。驚いたジュリエットは、どうやって庭の塀を飛び越えてきたのか聞く。それに対するロミオの答えが、この章の冒頭に掲げた「恋の軽い翼でこの塀は飛びこえました」から始まる台詞である。

敵対するモンタギュー家のロミオがキャピュレット家に無断で侵入していることが知れ渡れば命を失いかねない。ジュリエットが驚くのも当然である。だが、「恋の軽い翼で」と答えたロミオは、愛する彼女に会えた喜びで興奮し、その頬を薔薇色に上気させ、生き生きとしていたにちがいない。恋の力はどんな障害も危険も、ものともしない。この有名なバルコニーの場面は、ふたりの恋人の向こう見ずだが、若さゆえの勢いと初々しさが、人生の中のある時期だけに限られたものであることを知る目にこそ、よけいに美しくせつなく映るのであろう。

しかしながら、ロミオは運命に翻弄される主人公である。密かに結婚式を挙げて一時間後に殺人事件に巻き込まれて逃げる間際、「おお、おれは運命の慰みもの！」と叫ぶその台詞通り、ロミオはその場その場の感情に身を任せて、破滅の運命へと流されていく。さらに、ジュリエットの死の知らせを受け、自暴自棄になったロミオは霊廟に入る際、それを阻止しようとしたジュリエットの婚約者と争いになり、彼を殺害してしまう。終始、主体性を持つジュリエットと異なり、「絶望に狂う男」、「悲運の名簿に名をしるされた男」と自らを称している通り、悲劇へと呑み込まれていく存在なのである。

こうしたシェイクスピアの造詣したロミオの性格をプログラムで忠実に演じようとするスケーターは稀であろう。たいていのスケーターが、オリヴィア・ハッセー主演の『ロミオとジュリエット』（英・伊、一九六八年）で流れる、あの甘美で抒情的なニーノ・ロータの名曲を使用している。この映画は若いふたりのはかないロマンスを美しく謳《うた》い上げており、この曲で滑る場合にはスクリーンの中の恋人たちのロマンスや情熱を演じる場合がほとんどであろう。チャイコフスキーなどのバレエ音楽で滑る場合も同じではないだろうか。

ジュリエット不在のロミオ

ところが十七歳の羽生のために選ばれたのは、ニーノ・ロータ作の名曲ではなく、レオナルド・ディカプリオ主演の映画で使用された若者らしい切迫感のあるスリリングな曲であった。この珍しい曲の採用は、幼い頃から羽生をよく知る阿部奈々美コーチならではの選択と言えるだろう。

その曲調が示す通り、ディカプリオ版の『ロミオ＋ジュリエット』（米、一九九六年）は舞台を十四世紀のイタリアの名家の対立から現代のブラジルのマフィア社会の抗争に移しているため、荒々しくどぎつい場面が多く、台詞は同じシェイクスピアであっても印象は大きく変わる。ジュリエットもオリビア・ハッセーの演じる可憐な美少女とはかけ離れた、どこにでもいる現代っ子といった風情である。そのせいか、バルコニーの場面や後朝《きぬぎぬ》の別れといったこの戯曲の名場面も、そこらのティーンエイジャーの戯れのようであまり美しくもなく心に残らない。これは、この映画が恋愛に焦点を当てているのではなく、マフィアの抗争劇に悩み苦しみ、そこから逃れようとしても呑み込まれていくロミオの悲劇に重点が置かれていることの証左であろう。むしろ、マフィアの一族の跡取りでありながら、他のチンピラたちとはまるで異次元の繊細さや孤独感、品性さえ感じさせる、映画公開当時には人気絶頂だった若かりし頃のディカプリオ演じるロミオこそがこの映画のただひとりの主役のように思われる。

単純で軽薄で不注意でどこか頼りないシェイクスピアのロミオとはこと変わり、ディカプリオのロミオは内省的で哀愁が漂っている。特に、マーキューシオを死なせてしまったという呵責の念に駆り立てられ、悲運に疾走するかのように猛スピードでティボルトを追いかけていく原作にはないカーチェイスの場面は、その後に続くティボルトとの壮絶な一騎打ちとティボルトを殺してからのディカプリオのやるせない表情と同様にこの映画の特徴を表象している。

前出のガチンスキーたちとの対談の時にはまだこの映画を観ていなかった羽生は、「感情移入とかそういうものがまだできていない状況なんです」とした上で、プログラムについて次のように語っている。

『ロミオとジュリエット』という有名な作品なので、自分なりの感情を表現したいっていうのがあるんですよ。たとえば、自分の……別に恋とかしてないんですけど、恋の駆け引きみたいな感情を表現しなきゃいけないなという思いはあります。それに、作品としての、「ほんとのロミオとジュリエット」の表情とか感情とかも表現しなければいけないなと思います。（中略）僕がロミオです、ふふっ。

別のインタビューでも『ロミオとジュリエット』という物語から連想して「せつない感じとか、駆け落ちとか、そういった感じなんですけど……」と言葉を濁し、「駆け落ちって言葉自体よくわからない！」と言って笑い、「うーーーん。まぁ……自分の中のイメージとしては、会えない距離での恋なんですよ。で、最終的に会えなくなっちゃうんですけど……なんだろうなぁ。すごく一生懸命恋をしてるって感じ？　です。恋！　な感じ」と笑い、すかさずインタビュアーが「いま、恋をしていますか?」と聞くと、「してないっ……してない、してない」と笑う。ショーで披露した演技からはジュリエットの存在が見えてこないとインタビュアーが指摘すると、素直に認めて次のように言っている。

そう、ジュリエットがいないんですよねぇ〜、僕がやっちゃうと。僕が演じているとジュリエットがいなくなっちゃうので、どうしよっかなぁって思ったりして。

羽生がディカプリオ版の映画を観たのは、シーズン開幕後だった。当初は映画を思い返しながら、ディカプリオの演じるロミオのイメージそのままを演じていた。だが、試合で何度も滑っているうちに自分自身が物語を演じるようになってきた。

物語の芸術性を突き破って出てくる〈自分〉。羽生結弦という稀代のスケーターの最も深い課題、疾走するスケーター自身が、芸術表現をどこかで知らぬうちに毀損《きそん》してしまう何かがそこに表れてくる。

シェイクスピアのロミオと、映画のロミオ、その両方を僕の中に取りこんで、そのどちらでもない僕のロミオを表していきたいな、と思っています。

ニースで羽生が見せた「ロミオとジュリエット」は、まさに彼そのものを具現化したロミオであった。

ガチンスキーの世界選手権銅メダル獲得を悔しがって確実に四回転を成功できない自分に立腹して眠れなかった少年は、一年後、ニースで行われた世界選手権で、ガチンスキーが立っていたのと同じ表彰台の位置でメダルを手に微笑んでいた。二〇一一年シーズンの目標は、グランプリへの出場、日本のトップスリー入りを果たして世界選手権への出場ということであったが、メダル獲得という想定以上の結果を得た。この時の演技では転倒があったものの、昨年の課題であった四回転を含め、すべてのジャンプを成功。技術点だけを見れば一位のチャンや二位の高橋を上回る高度な実力を発揮した。

細かいスパンコールが散りばめられた白い半透明の柔らかな布地はグラデーションを描くように腰と胸のあたりがベージュになっている。金・銀にきらめく大小のクリスタルがびっしりと敷き詰められたバンドを、腰にベルトのように締め、胸のあたりには不均衡な斜め十字に交差させ、同じ素材の細身のバンドでふんわりとした薄い布をひじと手首の部分でしぼった上半身。下半身は黒のパンツで引き締まった印象である。ハイネックから覗く長い首、外国人選手顔負けの長くまっすぐな脚が際立つ。

氷の中央に立つほっそりとした羽生は、映画のディカプリオを彷彿とさせる繊細ささえ感じさせたが、スピードを上げて冒頭の四回転に入っていく度胸や、転倒後に三回転アクセルと三回転トウループを決める冷静さ、最後のステップに入る時の雄叫びでも発しているかのような表情と、全身から発せられるパワーに突き動かされて疾走するかのようなワイルドな身振りには、柔和な外見とは裏腹なアスリートとしての気迫が漲っていた。

プログラムが終盤に近づくにつれ、会場は最終滑走グループの選手に向けるような熱気と歓声で沸く。しかし、恋に殉じたロミオやマフィアの抗争に絶望するロミオに感動して拍手した観客はひとりとしてそこにいなかっただろう。人々はひとりの若い競技者の勇ましい戦いぶりにエールを送っていたのだ。演技終了と同時に高く掲げた右腕。その手の人差し指と親指をピンと立てて回転させ、鋭い瞳で息を上げる少年に、運命に翻弄され、「おお、おれは運命の慰みもの！」と嘆くロミオの面影はなかった。その瞳には運命の嵐にも、恋の誘惑にも決して流されない強い意志の力だけが宿っていた。その意志の力こそが、彼を表彰台に押し上げたが、あるいはそれがアスリートとアーティストという、スケーターが昇華の果てに夢見る調和を拒む諸刃の剣となるのかもしれない。

羽生が『ロミオとジュリエット』の物語を表現しなければいけないと感じていたことは確かである。だが、「ホワイト・レジェンド（「白鳥の湖」より）」の時のように、プログラムの物語に自分の経験を重ねることは十七歳の少年にはいまだ時を要することであったろう。むろん、映画を分析して内容や感情を緻密に解釈することもできる。実際、羽生が呪われた人生を生き急ぐようなディカプリオのロミオを意識していたのは確かであろう。だが、試合で滑っていくうちに、向こう見ずに突っ走るロミオは、目標へとまっしぐらに向かっていく自己と一体化していったのではないだろうか。二年後、この時の演技を振り返って羽生は次のように語っている。

二年前の「ロミ＋ジュリ」は、震災後のシーズンだったので、自分はもうぼろぼろの中、滑っていました。しかも世界選手権のショートが七位で、どうしてもやり遂げたいという思いだけで演技しました。魂を削るような思いでした。誰かのためではなく、最終的には自分の気持ちを演技にぶつけて、そこから何かを感じてもらえたんです。

羽生が「僕なりのロミオ」と言う時、それは背負わされた運命という領域を超えた、十七歳の自分にしか出せないみずみずしさや威勢のよさ――若きアスリート魂――を指しているのだと思われる。だが、このアスリート魂は、観客を置き去りにしてジャンプなど得点源になるものを成功させればいいという自己中心的な姿勢を意味しているのでは決してない。

羽生がアスリートとしての勝利にこだわる原動力は、スケーターとしての使命、日本代表としての責任なのであり、応援してくれる人々、大好きなスケートに従事できることへの感謝と恩返しの気持ちなのである。そして、その勝利の先に、被災で苦しむ郷里の人々に対する羽生の切実な想い――自分の活躍でもし誰かが少しでも希望を持ち、力を得ることができたらという想い――がある。アスリートの自分にしかできないことを通じて、誰かに光を与えられたらという想いゆえに「結果を出すこと」にこだわるのである。こうした彼の信念がぶれることはなかった。

この世界選手権の晴れの舞台を飾る上位五位以内のスケーターだけに出場権が与えられるエキシビションのナンバーとして、羽生は再び神戸のチャリティショーで滑った「ホワイト・レジェンド（「白鳥の湖」より）」を選んだ。エキシビションに出場してフランスの試合会場パレ・デ・エクスポジションから世界中で応援してくれる人々に揺らがぬ感謝の想いを届けることが、この世界選手権に向けて十七歳の少年が抱いていた真の目標だったのだ。

五輪で演じた『ロミオとジュリエット』

次に羽生を取材現場で見かけたのは、それから五か月ほどが経った二〇一二年九月、アイスショーの会場となったサンドーム福井であった。

記者席でショーの様子を見学していた私は、すぐ傍らの床に、羽生と同じ歳の女子シングル村上佳菜子とふたりで三角座りをしている羽生の姿に気がついた。気になるスケーターの演技の時だけ出て来て見学していたのだろうか、いつの間にかそこに座っていたようだ。真剣な目でスポットライトの中で華麗に舞うスケーターの動きを追っている。ふとバミューダパンツから覗く羽生の足に目がいった私はドキリとした。

普段はコスチュームに包まれているその白く長い足には、一見華奢で繊細に見える羽生の体からは想像し得なかった筋肉が浮かび上がっていたからである。決して太くはないが堅そうで重量感のあるその足は、長身で首がすっと長く肩幅も広くない、京男のようになよやかな羽生の雰囲気には不釣り合いな大人の男のものに見えた。弟のように見えた無邪気な少年は確実に成長していた。それは肉体的な面だけではなく、世界へまた一歩近づいたという意味においても……。

三月の世界選手権で自分の予想よりも早く銅メダリストとなったことが羽生のフィギュア人生の大きな分岐点となった。福井のショーで見かけた時には、すでにブライアン・オーサーに師事するため、故郷の仙台を後にし、カナダのトロントを練習拠点にして四か月が過ぎようとしていた。オーサーに師事する男子シングルのハビエル・フェルナンデスの素晴らしい四回転にいたく感動した羽生は、切磋琢磨する相手としてこの三歳年上のスペイン人に狙いを定め、オーサー一門の扉を叩いたのである。

それからの彼の目覚ましい活躍はここで改めて述べるまでもないが、年の瀬に行われた全日本選手権ではついにエース髙橋大輔を下し、表彰台の中央に立った。続く四大陸選手権は二位。世界選手権は四位であったが、翌年の五輪に照準を合わせていた羽生にとってこれは想定内であったようだ。

この年のフリープログラム「ノートル＝ダム・ド・パリ」は、表現したいものがあまり伝わってこなかったように記憶しているが、それもそのはずで、実際、振付師のデヴィッド・ウィルソンから渡されたミュージカルのDVDはフランス語の音声に英語の字幕が付されたものであったため、作品の筋を理解するのに相当苦労したことを羽生は明かしている。二〇一二年八月下旬という初戦まで二か月を控えた頃のインタビューでは次のように語っている。

いい曲なんですけど、ミュージカルのストーリーは結構ドロドロしてるんです。でもそれはあまり気にしないです。重厚感があるっていうか、最初は重い感じなんですけど、そのあとやわらかくなって。ただ、今までやってきたやわらかさとは違ってて、その中に男らしさがある、まだそこは全部つかめたわけじゃないんですよ。やわらかい表現なんだけど、どんと構えたみたいな、なんて言えばいいのかな――、男らしい感じ？

また、別のところでは次のように語っている。

内容は複雑すぎてちょっと語れないんですよ。けっこう複雑な恋愛なんですよ、ふたり恋人がいるらしいんですよ。いろいろあるんですけど。ステップとして大人になろうとしているところも出せたらな……みたいに思ってます。

プログラムに関するこれらのコメントから、シーズン前は表現すべきことが消化不良のままだったようで、「強いところ」、「弱いところ」、「やわらかいところ」、「ハッピーなところ」というように変化する曲調のイメージに合わせて滑ることで精一杯だったと思われる。

作品の内容を理解できたのは世界選手権前だった。また、後半部では体力が続かないように見受けられたが、二種類の四回転を跳ばなくてはならないうえ、プログラムの後半に八つのうち五つのジャンプが入り、技と技のつなぎの部分でも足を細かく動かすステップを踏まなくてはならないスケーター泣かせの構成となっており、体力のある選手でも滑り切るのが大変なプログラムだったのだから、小児喘息というハンディがあり、体力強化が課題であった羽生にとっては予想していた結果だったのかもしれない。まだ失敗の許されるプレオリンピック・シーズンは、とにかく難度の高いものを組み込んで技術を進化させることに重点が置かれていたのである。技術の追求――それは羽生結弦というスケーターの課題というよりは宿命と言ってもよいと思う。そしてその宿命を体現した時、彼の前に新しい宿命、芸術表現としてのスケーターの身体が表れるのではないか。

そんな羽生が五輪本番のフリープログラムに選んだのは、またしても『ロミオとジュリエット』であった。今度は一昨年前のシーズンに滑ったディカプリオ版の映画からの音楽ではなく、フィギュアでは定番中の定番であるニーノ・ロータの音楽であった。これまで自分から音楽について主張してこなかった羽生が自ら、オーサーにこの曲を強く希望した。コーチとしては、有名過ぎるいわば手垢《てあか》のついた曲で、しかも同じテーマを一度使っているので、別の曲を候補にと考えていた。だが、羽生の英語による説明からはその具体的な理由をはっきりとつかむことはできなかったものの、「ロミオとジュリエット」に寄せる彼の並々ならぬ想いが伝わり、五輪に向けてモチベーションになることを優先して許可した。それほどの思い入れは、くり返し聞いているiPodに入れられたふたつの「ロミオとジュリエット」が物語っていた。ふたつの「ロミオとジュリエット」とは、二シーズン前に滑ったディカプリオが主演した映画版の曲とニーノ・ロータが作曲した一九六八年版の映画のテーマソングのことである。

二年前、大震災の後のシーズンに滑った、あの曲のおかげでファンやコーチや家族など多くの支えに気づき、思いを受け止めることができた。僕にとって大切な曲なんです。（中略）シニアに上がってから、仙台で阿部奈々美先生にお世話になった二年と、トロントでブライアン達にお世話になった二年。この四年の感謝をぶつける曲にしたかったんです。

震災明けの年に滑り、世界選手権で銅メダルを獲得した「ロミオとジュリエット」を、四年間の集大成として感謝の気持ちを込めて五輪という檜舞台で滑りたいという強い思いが先にあった。同じテーマでも曲が違えばいいのではないかと考え、選んだのだ。定番のニーノ・ロータのバージョンは昔から滑ってみたい曲であったし、五輪では奇をてらったものではなく王道をいくべきだという考えもあった。だが、この曲から羽生が表現しようとするのは甘く切ない悲恋物語ではなかった。ここでもまるであらかじめ失われた恋人のようにジュリエットは不在のままだった。

ジョニー・ウィアーが羽生と話し合いながらデザインした美しい衣装——下半身は黒で上半身は白を基調とし、腰と袖先に黒のぼかしが入っていて、左腕の側面のシースルーになっている部分を煌《きら》びやかなピンクや紫や緑の大小様々な透明のビジューが縁取っており、右手首には赤と緑の細いバンドを無造作に巻きつけてある——は、ロミオを念頭に置いたにしてはややフェミニンな印象を与える。実はこの衣装は男性を強調し過ぎないというイメージで作られており、女性的なものと男性的なものという二面性を表現することを目指したというのだが、デザインのコンセプトひとつをとってみても、羽生が自分の中にロミオとジュリエットを取り込み、ラブストーリーにとどまらない自らの内にある想いを表現しようとしていたことが伝わってくる。

ジョニー・ウィアーは、前シーズンに羽生が滑った「ノートル＝ダム・ド・パリ」について、「ユヅルにとって良いステップになると思う。深刻なキャラクターだからね。一般的にユヅルはちょっぴり少年らし過ぎると言われている。もう彼も青年だもの」と語っていたが、まだ重厚でシリアスな内容を演じるよりは、ロミオの持つ若者らしい爽やかさや勢いこそが自分の持ち味と判断した羽生の選択は正しかった。

羽生は自分の想いを乗せることができ、彼のイメージにぴたりと合ったプログラムを五輪に持ってきた。それとは別に、「パトリック・チャンや髙橋選手に、プログラムコンポーネンツ（演技構成点）の面で勝てるとは思っていない。そのためには自分の技術点をどんどん上げるしかない。どんどんジャンプを跳ぶしかないし、得意なスピンもより質を上げるしかない。しっかり計算して、ジャンプやスピンで点を稼ごう」と自分を見極めて戦略を練る冷静さと犀利も忘れなかった。その結果、四回転サルコウと四回転トウループという二種類の四回転のほか、一・一倍の加点がもらえる演技後半に得意のトリプルアクセルのコンビネーションジャンプを二つ組み込むという勝つためのプログラムを考案した。

初出場となったソチ五輪でのショートプログラム「パリの散歩道」ではワイルドで男らしく挑発的なこれまでにない羽生結弦の側面を見せ、世界最高得点を叩き出した。翌日のフリー「ロミオとジュリエット」は、冒頭の四回転で転倒するなどひやりとする場面もあり、「まだまだ実力が足りないなという風に、特にフリーの演技でも改めて実感した」と本人にとっては次の糧《かて》になる出来だったようであるが、滑っている間には震災後の四年間に味わった様々な感情がよぎったはずである。そして勝ち取った五輪王者の座。エキシビションでは再び羽生にとって特別なプログラム「ホワイト・レジェンド（「白鳥の湖」より）」を舞い、日本国民に大きな勇気と希望を与えてくれた。

異次元あるいは前人未踏の境地へ

二〇一四年、この五輪シーズンに羽生は全日本選手権で二連覇を果たし、グランプリファイナルでも五輪でも世界選手権でも優勝した。その後も「これからまたオリンピック・チャンピオンとしてこの肩書きをしっかりと背負っていけるくらい強い人になりたいなというふうに思っています」と五輪後の日本代表選手団記者会見で発した言葉通り、強い精神力をもってアグレッシブに目標に向けて邁進した。

よく指摘されていることだが、曇りのない目で客観的に自己を分析し、課題をみつけ、目標を設定し、それを次々にクリアしていくのが羽生の流儀である。その過程で一切の妥協もブレも許さず、常に自分の限界を超える努力、まさに血の滲む努力を惜しまない。これこそが戦う者の真の姿なのであろう。髙橋が引退後に出版した自著の中で「僕はアスリートらしくない、競技に向いていない競技者だった。自分の意思を明確に持ってハッキリ発言して、ストイックに邁進できるのがアスリートらしい姿だと思うけれど、僕は流れのままだったし、負けても執着せず、アスリートらしくはなかった」と綴る時、その脳裡に浮かんでいたのは、自分の背を追い、あっという間に追い越していった九歳年下の羽生だったのではないか。表現すること、観客に求められることにスケートの真骨頂を見出していたアーティストの繊細な心は、アスリート魂を包み隠さずに討ち入りしてくる羽生の存在に揺れ、脅かされ、ひょっとして傷つけられていたのかもしれない。「意外に見た目とは裏腹に……かなり男っぽい子かなと僕、感じますけどね」と羽生を評した高橋の言葉は、少年の特性を見事に言い当てていた。見かけはロミオのように柔和で線が細いのに、羽生の瞳は、時として大義のために命を懸《か》けるサムライのように妙に峻厳で鋭い時がある。

結弦という名は、射手座生まれにちなみ「弓の弦を結ぶように凛とした生き方をして欲しい」という想いを込めて父親が命名したというが、その名の通り、シニアデビューからたった六年間の競技人生ではスコアだけでなく技術面でも次々と有言実行で記録を樹立し、臆することなく限界に挑む凛々しさを見せている。二〇一五年シーズンのフリープログラム「SEIMEI」（映画『陰陽師《おんみようじ》』サウンドトラックより）では四回転を三本入れるという超絶難度の演技を披露した。そのジャンプの質に関しても、姿勢、高さ、飛距離、着氷とすべてが完璧であり、さらにイーグルやステップからジャンプに入って、ジャンプのために助走する継ぎ目のような箇所がまったく見当たらない。それも体力が続かなくなる後半にも四回転を入れている。しかも四回転を跳ぶだけでも大変なのに三回転を入れたコンビネーションジャンプにしてさらに難度を上げている。それでいて四回転を跳んでいる力《りき》みのようなものは一切感じられない。まさに水が流れるようにプログラムが進行し、高難度のジャンプもその流れの一環として自然に跳んでいるようにしか見えない。そこまでしなくても十分に勝てるのに、なぜここまでするのかと試合のコメンテーターも驚くほどだ。これはまさに自分に対する挑戦以外の何ものでもないだろう。

二〇一五年、スペインのバルセロナで開催されたグランプリファイナルで、羽生は「SEIMEI」を演じ、二一九・四八点を叩き出す。そしてショートとの総合で三三〇・四三点という驚異的なスコアで優勝し、鮮烈な印象を残した。しかも自らが二週間前にNHK杯で出した世界最高得点を更新し、二位に三七・四八点という圧倒的な差をつけての勝利である。二〇一五年のNHK杯で羽生に破られるまでパトリック・チャンが保持していた世界最高得点が二九五・二七点であったことを考えると、羽生結弦の功績で男子フィギュアのレベルが一気に押し上げられたことに異議を唱える者はいないだろう。NBCの放送でジョニー・ウィアーが解説した通り、まさに羽生結弦は「この世の物ならぬスケーティング」の域に達したのだ。

苦しいシーズンから学んだこと

「この世の物ならぬ」ひとりの若者は、何処から生まれ、何処へ行くのか。

一年以上が経過した二〇一七年三月、フィンランドで行われた世界選手権で羽生が三年ぶりに優勝を果たしたことは記憶に新しい。しかしながら、その王者の口から出たのは「苦しいシーズンでした」という率直な言葉であった。その言葉の裏にはこの大会がいかに苛酷なものだったのかが物語られている。その「苦しさ」には羽生自らが牽引した男子フィギュア界の新たな四回転時代の到来による他の選手たちとの闘いの苦しさ、そして自分自身の限界への挑戦における「苦しさ」の両方があっただろう。

男子フィギュア新時代と呼ばれるように、この世界選手権ではトップの選手たちは揃って高難度のプログラムを披露し、上位四人は前の年に羽生が打ち出した総合得点三〇〇点を超えるスコアを出した。まさに開会前から注目を集めていた空前絶後の熾烈な戦いであった。他のスポーツに比して現役で活躍できる期間が短いフィギュアスケートの世界では、二十二歳の羽生でさえもすでに追われる立場である。十九歳の宇野昌磨や同じく十九歳の中国の金博洋、米国の十七歳ネイサン・チェンらが破竹の勢いで実力を伸ばし、それまでは四回転ジャンプと言えば、トウループかサルコウが主流だったのに対し、宇野はより得点の高い四回転フリップを跳び、金もやはり高得点の四回転ルッツ、チェンにいたってはアクセル以外の五種類の四回転を跳ぶ。特にチェンは一月に開催された全米選手権でフリープログラムにおいて四回転を史上最多の五回決め、全米チャンピオンに輝いた。世界選手権の直前の四大陸選手権でもすべてのジャンプを成功させて優勝し、ショートプログラムでのミスが響いた羽生は二位に甘んじなければならなかった。

もうひとつは羽生個人の問題である。振り返れば、「バラード第一番」と「SEIMEI」をひっさげてグランプリファイナルで驚異的な世界歴代最高得点を叩き出してから世界王者のタイトルを奪還するまでの羽生の行く手は決して順風満帆なものではなかった。そもそも前年の二〇一六年三月にボストンで開催された世界選手権でその予兆はあった。ファイナルの時のように得点は伸びず、同じリンクで練習しているハビエル・フェルナンデスが金メダルを手にしたのである。

怪我を乗り越え、史上初四回転ループへ

実はこの時、すでに羽生は左足甲の靭帯を損傷していた。そのため、大会後の五月、六月には氷の上に立つことも身体を動かすことも許されず、練習拠点のあるカナダで治療とリハビリに専念しなければならなかった。優勝や最高得点という栄光に甘んじることなく、常にもっとうまくなりたい、もっと強くなりたいと願う羽生は徹底的に練習を行うことでも知られている。大会三連覇をかけて世界王者の地位を共に争った練習嫌いで天才肌のフェルナンデスとは対照的だ。コーチであるブライアン・オーサーの仕事は、常に闘志と意欲に満ちた有言実行型の羽生にいかに練習をセーブさせるか、いかにその闘志をコントロールさせるかということにかかっているようにさえ思える。それほどに羽生のスケートに懸ける思いは熱い。その燃え盛る情熱の炎を練習によって昇華できずに抱え込んでいる状況が羽生にとってどれほどもどかしく、辛い期間だったかは想像にあまりある。

しかし、新たなシーズンを迎えた羽生は怪我を考慮するという抑制の姿勢ではなく、むしろ以前にも増して果敢に超えるべき高い壁を新たに設定して現れた。新たな大技四回転ループをショート

とフリーの両方のプログラムに組み込むことにしたのである。もちろん、右足で踏み切って右足で着氷するこのジャンプは他のジャンプと比較して負傷した左足に負担がかからないという点も考えて加えられたのだろう。だが、誰もまだ公式には成功させていないジャンプであり、多種の四回転ジャンプを跳ぶ若手たちを迎え撃とうとする心構えや、この新たな四回転時代をさらに開拓していこうとする意欲など彼の精神の強靭さと向上心の一端も読み取れる。しかも、新たな技を加えるだけにとどまらず、ショートでは二本、フリーでは四本の合計六本の四回転ジャンプを跳ぶという、難度を限界にまで引き上げたプログラムに挑むことにしたのだ。

芸術と技術とのバランス

初戦のオータムクラシックではISU公認大会史上初の四回転ループを見事に成功させて金メダルを獲得したものの、スコアの面では、昨年自身が出した最高得点から七〇点近く下回る得点での優勝であった。怪我で始まったシーズンの初戦で実力が発揮できないのは当然だろう。それでも優勝できるのだから、前年に見せた羽生の演技のレベルの高さが逆に証明されたことにもなる。だが、そんなことは本人にとって何の慰めにもならない。

その後のグランプリシリーズカナダ大会では二位、NHK杯では一位、フランスで開催されたグランプリファイナルでは大会史上初となる四年連続優勝に輝いた。ここまで行き着く過程で四回転ループやその他の四回転をすべて成功させることに集中するあまり、スケーティング、演技表現、音楽の解釈、振付、技と技のつなぎといった五つの芸術要素が伸び悩んでいることをオーサーに指摘された。各要素は十点満点だが、世界最高得点を得た時には九点台ばかりを揃えた芸術面が、のきなみ八点台であったからだ。

美の完成形へ

フィギュアスケートというスポーツの難しさだろう。技術面と芸術面でのバランスが大事だとわかっていても、芸術面をどう解釈するのかという部分で頭を抱えることもある。ひと口に芸術と言っても、何を美しいと捉えるか、何をして完成度が高いと言うのかその概念は一様ではない。羽生が言うように、ジャンプが決まらなければ、そこで演技の流れは一瞬途切れてしまう。たしかにそれは美の完成形とは言えないだろう。だが、ジャンプはプログラムを構成するひとつの要素に過ぎない。むしろ他の要素にも心を砕き、全体としてまとまりのある演技をすることこそフィギュアの真骨頂であると説くオーサーの考えは正攻法である。羽生は自分の考えに固執しなかった。その後の羽生は、技と技のつなぎやスケーティングに気を配り、芸術点でも高得点を獲得できるようになった。難度の高さを追求するあまり、バランスの良い演技をすることの大切さを見失っていた自分に気がついたのかもしれない。決して独善的にならず、結果が出ないという事実を客観的に受けとめる。コーチの言葉にきちんと耳を傾ける素直な面を持っているからこそ、シーズン中であるにもかかわらず軌道修正が功を奏したのだろう。

しかし、このシーズンは怪我から始まっており、ただでさえ準備が思うようにできないまま試合に臨まねばならなかった。全ての面にくまなく神経を行き届かせるのは難しかったにちがいない。実のところ、「表現する」、「伝える」という芸術面の重要性は、以前から本人が自覚してきたことだ。むしろ課題として常に心にあった問題なのである。金メダルを獲得したソチ五輪から二か月近く経った二〇一四年四月のインタビューでも自己の演技を振り返り、「演技が、自分の、自分の、ってなっているんですよ」と言い、「伝える方の演技」が「今まで結構できなかったっていうか、やり切れなかったこと」なので、そこをしっかり認識していくことを目標にショーのナンバーを滑っているのだと語っている。こうした努力が実り、「伝える」ということで言えば、この苦しいシーズンの世界選手権で見せたショートプログラムでは観客にコネクトするというひとつの課題が完全にクリアされた。

エンターテイナーとしての一面

二〇一五年に急逝した米国の歌手プリンス。羽生は二〇一七年の世界選手権のショートプログラムでこの特異なミュージシャンの「Let's Go Crazy」を舞った。五輪以来羽生のショートプログラムを手がけているジェフリー・バトルがプリンスへのオマージュを込めて選曲したのだ。歌詞入りの曲が使用可能となったシーズンだからこその試みであり、羽生には珍しいアップテンポでダンサンブルな個性的な作品である。フリーの「Hope & Legacy」も、「SEIMEI」など五輪以降羽生のフリーを担当してきたシェイ＝リーン・ボーンが振り付けをし、水のせせらぎと風のそよぎがピアノの旋律に合わせて体に流れ込んでくるような透明感あふれるプログラムに仕上がっている。羽生は世界選手権の舞台でこのプログラムで完成度の高い圧巻の演技を見せた。「SEIMEI」で出した世界歴代最高得点を三点近くも上回るスコアを出し、ショートプログラム五位からのドラマティックな逆転優勝を決めたその勇姿は日本中で放映された。

一方、ショートプログラムの方はシーズンを通じて羽生の考えるノーミスの演技を披露することは叶わなかった。プリンスのヒット曲「パープル・レイン」を想起させるラベンダー色の衣装に身を包み、まるでライブさながらの熱気で会場を沸かせながら氷上で演技する羽生はそれまで見たことのない魅力に溢れていた。ヘルシンキの会場でショートプログラム終了後に二〇一四年三月に現役を引退し、現在はコーチのトマシュ・ヴェルネルから話を聞いた。ヴェルネルはこの羽生の演技を絶賛した。

まず、四回転ループを軽々と決めてその後の演技をエキシビションさながらに観客ひとりひとりとコンタクトしながら演じていたことに舌を巻いていた。スケーターとしての長年の経験から四回転ループは、基礎点がもっと高い四回転フリップや四回転ルッツよりも難しいというのがヴェルネルの感想だ。三回転まではフリップやルッツの方が難しいけれど、四回転となると事情は異なり、もっとデリケートな要素が必要になってくるのだという。その感覚をつかむのは至難の業だろうと。普通であればそんなジャンプを跳ぶだけでも精一杯なのに、あれほどのノリで会場を沸かせたことに感銘を受けていた。

最初の四回転ループはユヅルが跳ぶと軽々と見えるけど、本当に難しい技だよ。ヒザをついたことは大したミスじゃない。むしろユヅルはあんなに難しいことをしながら、観客のひとりひとりとコンタクトをとりながら演技をしていた。足元だって危ないし、あんなこと試合ではなかなかできない。素晴らしいよ。もっと点数をあげたいね。

自身も観客とコネクトしてエンターテイナーに徹することを一番に考えるヴェルネルにとって、羽生の「Let's Go Crazy」は申し分のない素晴らしいパフォーマンスであり、得点が伸びず五位にとどまったことを残念がっていた。

このように観客と一体となり、試合ということを忘れるほど会場を熱狂の渦に巻き込んだ羽生の演技は見事であったが、プログラムを通して感じ取れるのは、八〇年代のカリスマ的な人気を誇ったプリンスのエキセントリックでアクのある、崩れたような熱狂ではなく、もっと清潔で品のある、アイドルのような正統的で端正な熱狂であった。もちろんプリンスの楽曲だからといって必ずしも本人を踏襲して演技をする必要はないだろう。四年前に世界選手権の銅メダリストに輝いたフランスのニースでロミオを演じた時も、羽生が演じたのはロミオその人の感情ではなかった。「あのニースの演技は、感情を表現しているというよりも、ただがむしゃらに『くそーっ』(と言いながら、歯を食いしばってこぶしを振り、腕に力をこめるポーズ)やっているだけだから」と本人が語っているように、自分の感情を演技にぶつけていた。それでも、恋に突っ走るロミオと羽生のスケートへの情熱は重なり合い、見る者の感情を揺さぶるには十分であったように記憶している。

二度目の優勝を飾ったこの世界選手権のエキシビションで、羽生はボーカルの入ったサン=サーンスの「白鳥」を滑ったが、「星降る夜」(“Notte Stella (The Swan)”)と題されたこのプログラムでも、白鳥になるのではなく、飛翔というイメージから被災地での復活や希望への思いを曲に乗せて舞う。「Hope & Legacy」も風や木などの自然を曲に託して滑った。それを思うと、「Let's Go Crazy」はプリンスの創り上げた独特の世界に羽生自身の感情を映し出せる部分の少ない、難しいプログラムだったような気がしてならない。

さらなる高みを目指して

二〇一六―二〇一七年シーズンを総括すると、怪我から始まったシーズンにもかかわらず、史上初の四回転ループを成功させ、最終的にはフリー単独で自分の出した世界記録を超える得点を出し、空前絶後の苛酷な試合を制して世界チャンピオンに返り咲いた。傍から見ればそれだけでも十分過ぎるほどの偉業である。だが、常に上を見つめ続ける羽生にとって総合得点で自己の最高得点を超えることができなかったことは心残りであっただろう。優勝した世界選手権であっても前年の最高得点に八・八四点及ばぬままシーズンは終わった。周囲のレベルが上がったこともさることながら、自身の目指す完成度の高い演技を極められなかったことがこのシーズンを一層「苦しい」ものにしたにちがいない。

しかしながら、フリー終了直後にすでに羽生の目は先を見据えていた。帰国後の凱旋記者会見で開幕まで一年を切った平昌《ピョンチャン》五輪ではこれ以上技術的なレベルが上がることは考えられないと予測し、多くの選手がいろいろな面を総合して一番いい部分をいかにノーミスで演じるかということを考えて臨んでくるだろうと予測した。多種四回転や四回転の本数はとりあえず出尽くしたという感がある。四回転ジャンプ争いが激化してどんどんハイレベルになることはないだろうという見立てである。むしろ、それを踏まえてどのような演技をしていくのかという問題に羽生の視点は移っていた。

フリー演技終了後に行われた羽生、二位の宇野昌磨、三位の金博洋という上位三人を囲んでの記者会見の席で羽生は、総合七位となった米国のジェイソン・ブラウンを例に出して次のような課題を提示している。

今回の試合を見て思ったと思うんですけど、ショートプログラムではジェイソン・ブラウンが四回転なしでやっぱりあそこの順位（八位）まで来られる、あの点数（九〇・一点）が出せるという証明をしてくれたので。そういった意味ではやっぱり四回転だけがすべてではないフィギュアスケートの楽しさ、面白さっていうのを伝えてくれたと思うし、そういった意味で怪我のリスクも考えながらどうやって自分のベストのパフォーマンスを出すかということも改めてこの試合を通してみんなで考えなきゃいけないと思います。

ちょうどこの記者会見が始まった時刻にブラウンとの個別取材のアポイントメントが入っていた私は、遅れて会見場に入って行った。その直後に奇しくも羽生の口からブラウンの名前が出てきたのには驚いた。思えば、羽生は二〇一一年のジュニアグランプリでブラウンが優勝した時にも「あの選手はすごいですね。僕と同い年だけれど、トリプルアクセルなしでもジュニアグランプリで優勝してしまったし、あのスケーティングでアクセルや四回転を跳び始めたら、パトリックと同じような怖い選手になるでしょう」と語っていた。

ドラマの身体

フィギュアスケートの身体はある瞬間、信じがたい物語を演じる。もちろん、技術は優先される。四回転を跳ばないジェフリー・バトルが金メダルを獲得した二〇〇八年の世界選手権や同じく四回転を回避した米国のエヴァン・ライサチェクが金メダリストになった二〇一〇年のバンクーバー五輪の頃ならいざ知らず、この真・四回転時代に難度の高いジャンプを跳ばずとも高得点を得られる選手は稀有である。羽生がジャンプで押してくる居並ぶ強豪ではなくブラウンに注目している点は興味深い。それは羽生が自分の演技をより完成度の高いものに磨き込んでいくために必要なものをこの選手の中に見出していたからではないだろうか。

スケーティングや柔軟性に定評のあるブラウンであるが、やはり何と言ってもこの選手の最大の武器は、見ている者をプログラムの中に引き込んでいく高い表現力にある。まるで一編の戯曲を鑑賞しているかのように、彼の動き、指先、ジャンプのタイミングなどから様々な感情が表出し、眼前にひとつの物語が紡ぎ出されるのだ。そこからは単に型の正確さや、メロディやリズムに忠実に合わせて体を動かすということだけでは伝わり切らない深い感動が漂う。心で捉えたドラマが身体に乗り移って発せられている、とでも言おうか。

この試合の上位十人の中で技術面におけるスコアと芸術面におけるスコアとの格差が最も少なかったのがブラウンであった。フリー演技後のインタビューでそのバランスのよさを褒めると、嬉しそうに、「そのことは自分でも、ものすごく誇りに思っています」と目を生き生きと輝かせた。そしてコーチや振付師とともに技術と芸術について片方が忘れられていないか、常にバランスに注意を払って日々の練習に取り組んでいるとも語ってくれた。どのような音楽を演じるのが好きかと聞くと、次のような答えが返ってきた。

キャラクターを演じる必要のある音楽が好きです。キャラクターを演じるのが好きなんです。そのためにがんばっています。自分がコネクトできると感じられるような、観客のみなさんが拍手してくれたり、少し泣いてくれたり、笑ってくれたりというような状況にもっていってけるような音楽がいいです。

音楽を解釈する秘訣について聞くと、「とにかく練習すること」と答えた後で、怒濤のごとく、「映画が大好きで、音楽も大好きで、読書も大好きで、自分とはちがう生活をしている人と話すのも好き、ミュージカルも好き」と好きなものを楽しそうに列挙する。日々の映画鑑賞や読書などが表現をする上で役に立っているという。そのリズミカルで抑揚のある楽しそうな話し方までもがまるでひとつのパフォーマンスのように聞いているこちらの心に響いてくる。一昨日のショートプログラムについても、演技中はエレメンツに一生懸命になりがちだけれども、今回は自分のことを考えずに演技に没頭することができたと語ってくれた。

フィクションであれ、ノンフィクションであれ、とにかく誰かの人生に関するものが好きだというブラウンは、芸術や人とのコミュニケーションを通じて多くのキャラクターや様々な感情の機微を自分の中に取り込み、音楽から感じ取ったキャラクターや心情を心の引き出しから取り出すことができるのかもしれない。「氷上のアーティスト」と評され、羽生もその表現力を高く買っているトリノ五輪銀メダリストのステファン・ランビエルも舞台芸術や美術鑑賞、読書でインスピレーションを得ていると語ってくれたことがある。高校時代に国語の試験について「俺、読解がなかったら国語はいける男だよ。読解でいつもつまずいて終わっちまう男だから」とクラスメイトと談笑していた羽生はスケートと同様に学業の方も優秀だという。だが、この言葉を聞くかぎりでは文学を解釈することは得意ではないのだろう。少なくともブラウンやランビエルのように読書や芸術鑑賞を表現力の糧にしているわけではないようだ。

ソチ五輪後のインタビューで、読書をするなど内面を充実させることで何かを伝えようと考えているかという質問に対しては、「あんまり考えていないですね」と答え、むしろ「(自分の中にある)感情を自分のものとして出すというか自分の中で表現しようとするのではなく、しっかり自分の外に表現できるようにしていきたいです」と明言している。表現するのは「自分の感情」であるという羽生は、キャラクターの心情を感じ取ってそれを演じるブラウンの表現力に、技術だけではないフィギュアスケートの芸術の力を改めて認識したのではないか。記者席の後部で会見を聞きながら、ひとつの問いがよぎる——ブラウン選手のような特徴を持つ選手に羽生選手はどう対処してくるのだろうか。

皇帝プルシェンコからの証言

二〇一六年十二月二十六日、モスクワでエフゲニー・プルシェンコに取材する機会があった。やはり技術と芸術の話になり、そのふたつを両立させるためには何が必要かを尋ねてみた。すると、次のような答えが返ってきた。

すべてです。スケート技術、ジャンプ、ステップ、スピン……それがフィギュアスケートです。この競技はバレエのような要素もあり、舞台芸術の一種です。しかし、一方でスポーツでもあるのです、氷の上で四回転ジャンプを跳ぶのですから。スピンもステップも大事ですが、観客とジャッジに自己を表現することも大切です、観客やジャッジと共に滑ろうとする姿勢も必要なのです。つまり、すべてが不可欠なのです。

しかも、プルシェンコは羽生を目指すべき理想のフィギュアスケートを体現するためのすべての要素を兼ね備えた選手として捉えている。

スケート技術、スピン、ビールマン、ジャンプ、ステップ、いずれも素晴らしく、とても力強い。自分をよく表現できているし、プロフェッショナルなスケーターですね。彼は素晴らしい。ものすごく強いスケーターですよ。現時点ではナンバーワンですね。なんといっても五輪のチャンピオンですからね。

この取材から三か月後、ちょうど世界選手権の男子フリーの前日にプルシェンコ引退という衝撃的なニュースが飛び込んできた。改めて三十四歳のプルシェンコが羽生を評したこれらの言葉を思い返すと、幼少時に髪型を真似、プルシェンコの象徴であったビールマンスピンを今でも演技に取り入れるほど自分に尊敬の念を抱いている若き五輪王者「ユヅル」に、このロシアの皇帝がフィギュアスケートの未来をつないでいったようにも思える。

オーサーもプルシェンコも、羽生がすべての要素を兼ね備えたスケーターだと明言している。世界の表彰台に上り始めた頃に羽生が立てた戦略——表現力では他の選手にはかなわないから、ジャンプをどんどん跳ばなくては——はもう完全に過去のものになったのである。この「苦しいシーズン」を通じて羽生が悟ったことは、自分がすべての要素に秀でていることであり、そのレベルを最高水準に保つことの大切さだったのではないだろうか。二〇一八年二月に韓国の平昌《ピョンチャン》で開催される五輪を見据えてこの若きサムライはどのように進化していくのだろう。

〈典雅〉を舞うサムライ

平成のこのサムライは、いにしえの平安時代へと芸術表現を通じてジャンプする。それは四回転よりも高い飛翔なのだ。

二〇一七年五月に羽生が五輪で滑るショートプログラムが発表された。ファンタジー・オン・アイス幕張公演でのことである。ソチ五輪後の二シーズンを滑った「バラード第一番」である。一一〇・九五点という世界歴代最高得点を獲得した名プログラムである。さらに、八月十八日にトロントで行われた新プログラム発表会ではフリープログラムの発表があった。勝負のプログラムに羽生が持ってきたのは同じく世界歴代最高得点を獲得した「SEIMEI」であった。同じプログラムを二度滑ることは新鮮味がないため、敬遠される傾向がある。ましてショートとフリーの両方というのは珍しい。しかもショートは三シーズン目となる。しかしながら、全くアレンジを加えない同じ曲であっても内容は大きな変更を加えられている。技術面では前回滑った時よりも格段に高難度になっている。なんと、フリーでは昨年でも最高難度と思われた四回転四本よりもさらにハードルを上げ、五本入れると発表。しかも、後半に三本入れるという極限に近いハードな構成になっている。

進化した羽生の演技と技術の結合は測り知れない化学反応を起こして、これら過去のプログラムに新たな〈生〉を吹き込むことになりそうだ。「バラード第一番」と「SEIMEI」を演じた二〇一五―二〇一六年シーズンは怪我に苦しむこともなく、羽生にとって「今の自分の中での完璧なものが試合で出せたという達成感を得られた大切なシーズン」であった。その良いイメージを抱いたまま練習もできる。五輪のために試行錯誤もしなくて済む。羽生は滑り慣れたプログラムでよりレベルの高い内容で勝負するという戦略に出たのだ。

ショートプログラムで滑ったショパンの「バラード第一番」については、ピアノの細かな音をつま先や指先、顔の角度や膝の屈伸などから表現するため手の位置、振りの形などに丁寧に取り組んできた。二シーズン目の二〇一五年の九月の初戦でミスをした中でも演技構成点の面で評価が高かったことを喜び、「自分と曲とのユニゾンというか、その曲と自分の見せ方がすごくマッチしていると思います」と感想を述べた。また、三戦目のNHK杯では「やっとこのピアノの旋律とともに滑ることが自分の心からできた」とも語っている。氷上で抽象的なピアノの旋律と自らの滑りでのデュエットを奏でることができたという手応えをすでにこの時点でつかんでいるのである。表現面は十分に出来上がっているのだ。プリンスの曲で培った観客とコネクトするという要素も取り入れて一層見応えのあるものにしていくことだろう。

また、フリーの「SEIMEI」においても、表現面で映画『陰陽師《おんみょうじ》』（二〇〇一年）に主演した狂言師野村萬斎と見紛うほどの圧巻の演技を見せた。能の映像を振付担当のシェイ＝リーン・ボーンと見たり、主役の平安時代の陰陽師、安倍晴明《あべのせいめい》を祀《まつ》る京都の晴明神社にも訪れるなど役作りに励んだ。萬斎から直々《じきじき》に型を伝授され、それをプログラムに生かした。紫や金色などが印象的に用いられた狩衣《かりぎぬ》風の衣装に身を包んだ羽生は萬斎の演じた安倍晴明を超えて、むしろ静けさ、内に秘めた力強さ、そして妖しさをも併せもった羽生自身の〈和〉の気品や典雅を醸すのに成功し、風格さえ感じさせた。羽生はこのプログラムを選んだ理由として良い演技ができたので五輪シーズンにもう一度滑れたらと温めてきたのだと語っていたが、表現においてはこの「SEIMEI」は「自分でいられるプログラム」であることが大きかったようだ。八月にトロントで行われた公開練習の際に、羽生は次のように明言した。

（「SEIMEI」は）すべての要素において「自分」として演じられるプログラム……。

この言葉は重要だ。プログラムを通して「自分」を見せることで羽生は五輪への賭けに出た。これまでのプログラムでロミオやファントム、ロック・シンガー、自然の背景などを表現してきた羽生は、「自分の内側から滲み出るもの」を表現することこそ「自分の醍醐味」だと確信するに至ったのではないか。安倍晴明という別のキャラクターになりきるのでもなく、抽象的な概念を表現するのでもない。羽生が「SEIMEI」で演じるのはまさしく「羽生結弦」というキャラクターそのものなのだ。演じる対象を突き破って出てくる自我がともするとプログラムを危うくするのではないか——時として去来した思いも杞憂に終わりそうだ。むしろ表現するキャラクターが「自分自身」であれば、表出する自分の感情は表現面において有利に働く。何事もプラスへと変換させる彼の賢さが、勝負のシーズンのための曲選びにも表れている。芸術性を求められる競技のため「自分が納得できる演技ができればそれでいい」と口にするスケーターも多くいる。だが、羽生は敢えて「勝利」にこだわってきた。そして、羽生にとって「勝利」とは、すべてが揃い、そのそれぞれが極められている状態を指す。

十七歳の時、羽生は「個人」であることをやめた。それは世界選手権で渾身のロミオを滑り切って初めて世界の表彰台に立ったあの時、より上達するために幼い頃から暮らし、大好きな姉と父のいる仙台を離れ、母親とともにカナダに旅立つ覚悟を決めた時であった。

仙台で練習するのが一番安心だし、家族とも離れたくない。でもあれだけの歓声を浴びたし、期待を背負ってる。もうスケートは自分だけのものではないんだ。表彰台に立ったからには、自分の感情を優先させちゃいけない。

スケートへの情熱は個人のレベルにとどまらず、日本代表として必ず結果に繫げ、強くなる――日の丸を背負う重みをこの若さで自覚し、海外へと飛翔して行ったあの日の思いを実現し、世界の頂点に君臨する絶対王者になった羽生。五輪の表彰台に立った翌日には次のように語っている。

日本人として日本国民として最高の舞台でたくさんの応援をいただいて金メダルという素晴らしい評価をいただいたことを誇りに思います。これからも日本国民として恥じないオリンピック金メダリストらしい人間になれるように努力していきたい。

日本の代表としての羽生の責任感にはただならぬものがある。「実際スポーツは自分の限界に挑むもの。ある意味では死と隣り合わせだと思う」という羽生の言葉はよく知られている。「大袈裟だ」などの誤解を招くこともあるようだが、これは二〇一四年十一月のグランプリシリーズ中国大会でのアクシデントを受け、スポーツ一般における死の可能性に関する質問への返答の中で発せられたものである。フリープログラムの六分間練習の最中に中国の閻涵《ハンヤン》と激突し、羽生は氷上に倒れ込んでしばらく動かなかった。オーサーコーチは止めようとしたが、応急処置を受けた羽生は顎と頭部に大きなテーピングをした痛々しい姿で氷に戻り、演技を行った。何としてでもグランプリファイナルに進みたいという一念だった。怪我を押しての出場に賛否はあったが、あの時の鬼気迫る形相の羽生の「オペラ座の怪人」には、個人の願望だけでなく、五輪チャンピオンとして、日本代表として滑り切ろうとする鬼神のような迫力が満身創痍の体から発せられていた。

毎日「血の滲むような練習」を続けながら、どれだけの危険、どれだけの痛みを潜り抜け、彼は国民の期待に応えようとしているのか、それはまさに日本的な恩義や責務といった大儀であり、優雅なフィギュアスケートという競技の裏に秘められた死闘への覚悟が見える。そうした羽生結弦の日本人としての凛々しさ、状況を鋭く細密に分析し、対処していく賢さ、力強さ、情熱、それらすべてがこのプログラムには込められるだろう。

さらに、新プログラムの発表会で記者から「自分の強みは何か」と問われると、羽生は「全部です」と堂々と答えた。プルシェンコが評したように、「何もかも自分にとって得意」で「全部が自分の武器」だとあらゆる面において自信をもって明確に答える羽生がそこにいた。おそらくこの自信をもプログラムの一要素として演技で披露してくれるのだろう。すべての武器を極め、クリーンな演技をした時に一体何が待ち受けているのだろう。

子供の頃から憧れていたプルシェンコは競技者として常に勝ち続ける強いヒーロー像であり、美しく流れるスケーティングと空気を抱くようなやわらかい表現に魅了されたというジョニー・ウィアーは美の象徴として少年の心に植えつけられていた。羽生はこのふたりの存在に象徴される強さと美が融合した理想のスケーティングへの手応えを五輪のために選んだふたつのプログラムに感じていたのではないか。強さと美、羽生の中でこのふたつが真に融合し、調和する瞬間は訪れるのだろうか。

奇跡は起こるのか

この怜悧な瞳を持つ若きサムライは過去の栄光に甘んじることなく、突き進んでいく。ふと、私のノートを見て「すげえ、すげえ！」とはしゃいでいた少年羽生のまだあどけなさを残した顔が浮かぶ。たった六年の間に遠い異次元の領域へと行ってしまった弟のような少年。ロミオにふさわしかった初々しい少年。ヘルシンキの会場の記者席から見た世界王者に輝いた彼は涼やかな青年に成長していた。だが、しかし、彼の目標が揺らぐことはない。苦悩に満ちた一年を経て二十二歳になった彼は十六歳の時に語っていた最終目標に大手をかけつつある。

以前、インタビューで聞かれたことがありましたよね。自分はアーティストか、アスリートかって。そのころから自分は、絶対アーティストになりたい、と思ってた。でもアスリートはアスリートで、すごさがあります。力強さや、高度なジャンプ技術や……そんなアスリートの技術は当たり前に持っていて、さらにアーティストになる。それが僕の、目指すところです。

ロミオの「恋の軽い翼で塀は飛びこえました」という言葉のごとく、羽生はこれまで数々の難関をスケートに対する情熱で突破してきた。だが、その情熱は恋愛の高揚感とは別次元の激しいスケートへの情熱。この蒼い炎のような情熱は命を削るような壮絶な日々の練習と国の代表としての強靭な責任感に裏打ちされている。「壁を乗り越えたら次の壁しかなかった」と語ったように、次々と自分の前に超えるべき壁を設定する羽生。進化した高い技術と自分の魅力を確実に引き出せるプログラムをもって勝負の舞台へと挑んでいく。このままではどんな高い壁も越え、誰も到達できない境地に達していくのではないだろうか。そこではトップスケーターなら誰もが夢見るアスリートとアーティストという相容れがたい要素の融合という奇跡が起こるかもしれない。

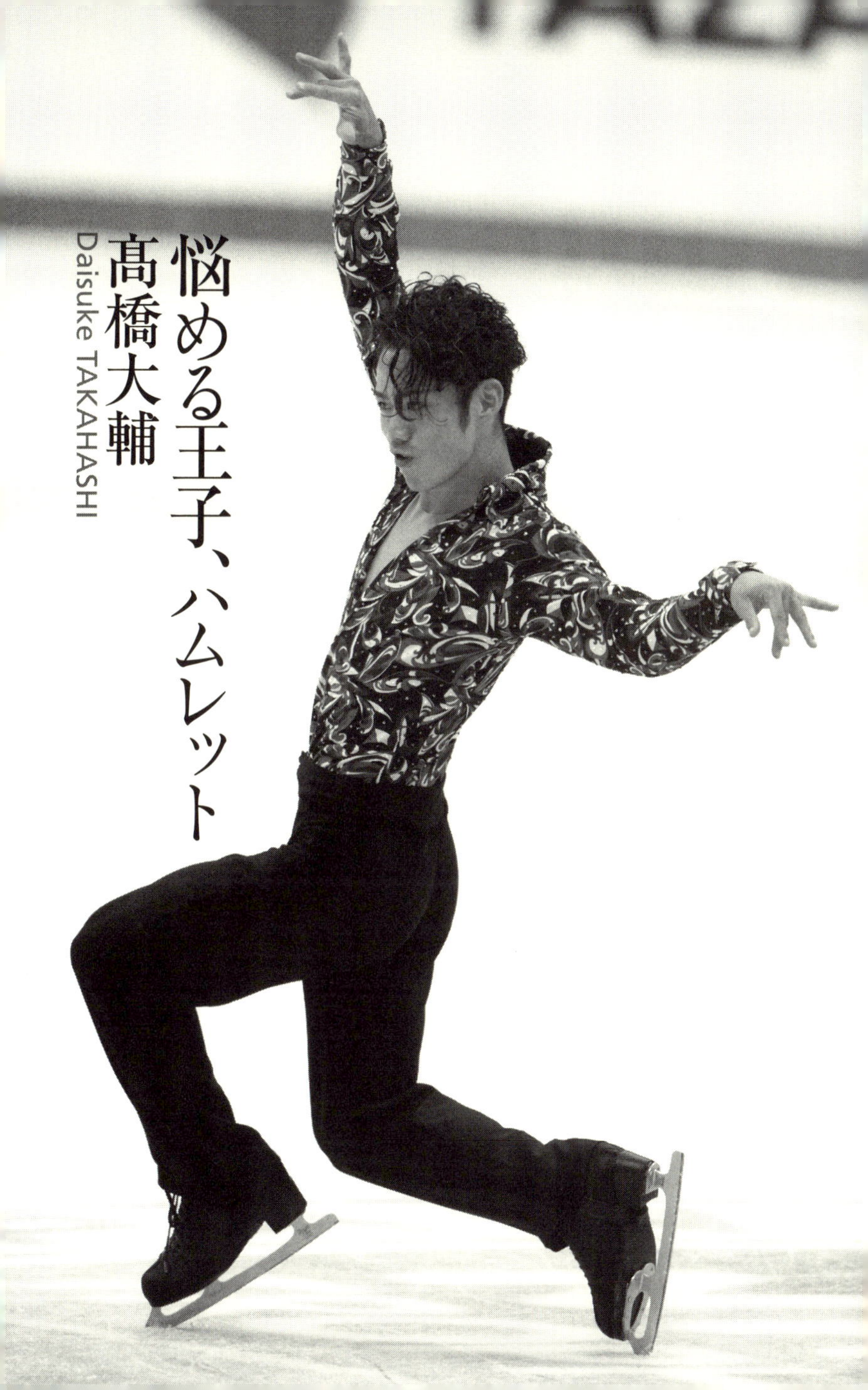

悩める王子、ハムレット

髙橋大輔

Daisuke TAKAHASHI

このままでいいのか、いけないのか、それが問題だ。
どちらがりっぱな生き方か、このまま心のうちに
暴虐な運命の矢弾をじっと耐えしのぶことか、
それとも寄せくる怒濤《どとう》の苦難に敢然と立ちむかい、
闘ってそれに終止符を打つことか。

（ウィリアム・シェイクスピア、小田島雄志訳『ハムレット』第三幕第一場より）

自分の〈心〉に向き合う勇気

棕櫚の木が植えられた海沿いにはお洒落なカフェがぽつりぽつりと見え、貝殻などを売る土産物屋もある。雪景色のサンクトペテルブルクからやって来た私はうっすらと汗ばむほどの青空にダウンコートを脱いだ。私は黒海に面したロシア屈指のリゾート地ソチにいた。

二〇一四年二月十三日、ソチ五輪のフィギュアスケート男子シングルの会場に足を踏み入れた時、私は目を疑った。日本人観客の比率が他の国際大会に比べてかなり多かったからである。開催地ソチは、通常モスクワかサンクトペテルブルクを経由して国内線に乗らなければたどり着けない遠隔地である。その上、オリンピック開催地なのに現地のほとんどの人に英語が通じない。オンラインでチケットを購入しようにもロシア発行のクレジットカードでなければいけないなど、四年前のバンクーバー五輪に比べてかなり苦労した。これほどのマイナス要因が重なっているにもかかわらず、相当数の日本人がソチに来ていることに驚きを禁じえなかった。

厳しい闘いを潜り抜けて五輪への切符を手にしたのは、羽生結弦、町田樹、髙橋大輔の三人。それぞれの選手のファンが応援に来ていたが、圧倒的な数を誇ったのは髙橋大輔のファンだった。現地で日本人と話す機会に結構恵まれたので、誰の応援に来たのかと聞いてみると、大抵の人が髙橋と答えた。言葉の壁も距離も超えて応援してくれるファンがこれほど多くいる――髙橋の人気は格別なのだとつくづく感じた。

初めて彼を取材現場で目撃した時にはその少年のような佇《たたず》まいが印象的だった。氷上で観る者を吸い寄せるようなオーラを放つ髙橋が私の目には実物よりも大きく見えていたのかもしれない。その後、記者会見などの席で見る彼は、いつも心の内を正確に語ろうとして言葉を探すがみつからないまま何かを伝えているような、ぎこちない口調で話し、そんな自分を恥じているようにさえ見えた。はにかんだような表情と舌足らずの話し方が初々しく、つい先ほどまでマンボやタンゴのラテン系の曲に合わせてセクシーポーズをねっとりと決めて女性たちの歓声をほしいままにしていた髙橋本人との間に大きな隔たりを感じたものだ。

実際、髙橋自身もそれを感じていたらしく、自著で「僕は、自分の思っていることを、いざ言葉で伝えようとすると、なかなか出てこなくてもどかしい思いをする。普段、新聞やテレビなどの限られた中では、どうしても器用に話せないこともある」と綴っている。服装のセンスや言葉遣いがいかにも今時の若者らしく、顔立ちもジャニーズ事務所に所属していてもおかしくない、愛され顔である――そんな外見からもっと軽いノリで生きているように見えがちだが、髙橋の深い真意や本心を語った一連の著書からは非常に内省的な哲学的思索をする悩める青年の一面が垣間見えるのである。

彼の中のたゆたう繊細な心は時に優柔不断や弱さのように捉えられることもある。しかし、本当にそうだろうか。髙橋の魅力というものを考える時、私はいつもハムレットを思い出す。シェイクスピアが手がけたと目される三十七編の戯曲の中には有名な台詞は数多くあるが、この章にエピグラフとして掲げた『ハムレット』からの台詞はその中でも最もよく知られているものであろう。

この戯曲は、いわゆるシェイクスピアの四大悲劇のひとつで、復讐劇であるが、内容はそうした枠組以上の広がりを示している。デンマークの王子ハムレットが、父王の亡霊から、父を殺し、母と結婚して王座に就いた叔父クローディアスへの復讐を命じられる。しかし、それでもなかなか実行できずに苦しんでいた。そうした中で恋人オフィーリアの父親ポローニアスを誤って殺害したハムレットは国外追放の身となってしまう。運よく自国に戻ることができたハムレットは、図らずも叔父への復讐を果たすが、自身もまた殺される。引用の「このままでいいのか、いけないのか、それが問題だ」という有名な一節から始まる独白は、ハムレットが復讐を実行すべきか、復讐をせずに現状のままでいるべきか、彼の内面に逆巻く嵐のような苦悩を吐露する時の言葉である。

こうしたハムレットの心と同質のもの、それこそが髙橋の本質なのではないだろうか。自問自答、自己分析、自己否定……。髙橋は「成績として一番になることよりも、その空気の中で、どれだけの人に強く求められるか、認められるかが大事。結果よりも、人の心の中で負けず嫌い」と語っているが、その気持ちは新たな存在に敏感に反応した。

僕がいなくても誰も求めていないだろう……。

ここ最近はその思いが強くなった。

特に結弦（羽生選手）の存在が大きいと思う。成績の勝ち負けだけではなく、観客や会場を巻き込む、あの目を惹く結弦の魅力には負けても仕方ない、というように思うようになってしまっていた。

以前なら、絶対にそこだけは誰にも負けたくないと思っていたのに、ソチの2シーズン前あたりから、越えられない壁のような、あいつになら負けても仕方ないか、という気持ちがどんどん大きくなっていった。

ソチにあれだけのファンが駆けつけていたにもかかわらず、その二年前から本人は羽生結弦という新しいスターの出現に脅かされ、自己の存在を客観視し、観客に強く求められたいという気持ちは諦めのようなものに変わっていっていたのである。

トップスケーターでありながら、いつも心はたゆたっている。だが、そのたゆたいは決して否定的なものではない。むしろ今時流行の安易なポジティヴ思考《シンキング》や自己暗示で一時しのぎをしたり、自己欺瞞に陥ったりすることを拒否する心の強靭さの表れでもある。たゆたうことは、客観的になったり、懐疑的になったりする感情の波の中に漂いながら、もがきつつ、自分の中の真実を真摯に見極めようとする心の動きであり、弱い人間なら自己と向き合うことを放棄してしまうだろう。真の自己とはどういうものなのか、生きることとは何かを自身に問うことは人生に与えられた命題なのだ。だからこそ、ハムレットの苦悩は時も国境も超えて永遠に私たち自身のものとなる。だから、『ハムレット』は演じ続けられているのである。髙橋は自著で彼特有の〈天然〉の部分を織り交ぜつつ、今時の若者らしい語り口で自分の弱さや迷いを語ってはいるが、その伝えている内容は人間の真実の姿なのである。

〈心〉で魅せた『道』

これまでに髙橋の滑りの中に、彼の〈心《ハート》〉を感じた瞬間が何度かある。そのひとつは、二〇一〇年二月十八日、バンクーバー五輪男子のフリースケーティングで髙橋が最終グループの第四滑走で滑っていた時である。プログラムの終盤のエンディングに向かうほんの十五秒ほど前のことであった。

髙橋が曲に合わせて上半身を大きく動かし、回転しながらステップを踏み、リンクサイドへと向かってきた。最後のステップの盛り上がりが最高潮に達しようというまさにその時、何かを相手に訴えかけるかのように、感極まってひじのところで折り曲げた両手のすべての指をいっぱいに広げ、その腕を震わせ、激しく小刻みに数度動かした。それは彼の内にある何ものかに突き動かされるかのような、何かを振り絞るかのような動きであった。その後、回転しながら移動して再び同じリンクサイドに向かうと、今度は両腕を、天に向かって振り上げた。時間にしてほんの一、二秒であったたろう。その瞬間、観客席に座っていた私の瞳は涙でいっぱいになった。

この涙は思いもよらないものだった。すり鉢状の会場の上部からはその衣装の模様のディティールもスケーターの表情もはっきりと把握することはできなかった。だが、会場の上部から下を見渡すような態勢で観戦していた私には、髙橋がまるで天を仰いでいるかのように見えたのだ。天にかざした彼の両手の指先から、私はたしかに目に見えないもの、おそらく彼の〈心《ハート》〉の波動を受けとっていたのだ。その〈心《ハート》〉の波に誘われて、私の瞳からはらはらと熱い涙がこぼれ落ち、最後のスピンはその涙に霞んでいた。

ガラスの心

髙橋の演技を見て涙したのは、実はこれが初めてではなかった。この試合の三か月ほど前の二〇〇九年十一月八日に長野県のビッグハットで開催されていたNHK杯で髙橋が同じプログラムを滑った時にも、やはり私は涙を流した。しかし、この時の涙はバンクーバー五輪の時とはまったく異なる理由によるものだった。

この前年の二〇〇八年十月三十一日に髙橋は右膝前十字靭帯断裂、右膝半月板損傷という選手生命を危ぶまれる怪我を負い、手術を余儀なくされ、二〇〇八―二〇〇九年シーズンの試合を全て欠場していた。負傷する前の高橋は、以前から彼の代名詞であったステップの技術や音楽表現はもとより、ヒップホップ・バージョンの「白鳥の湖」を滑るなどスケート界ではまだ誰も試みていない新たな分野を開拓し、自身の演技の幅を広げた。成績の上でもプログラムに四回転をフリーで二回入れることに成功し、総合点でＩＳＵ歴代最高得点を叩き出し、出場するほとんどすべての試合でメダルを持ち帰って来るといった、飛ぶ鳥を落とす勢いの、まさに名実ともに日本のエースであった。それまでの日本男子フィギュア界では高橋ほどの成績を残し、国際的な注目を大きく浴びた選手はいなかった。

その高橋が大切なオリンピック・イヤーの前年に負傷したのだ。そして、私が観戦していた二〇〇九年のＮＨＫ杯は、五輪前の大切な国際試合であると同時に、復帰後初めてのメディアの注目の集まる大きな競技会であった。この一か月前に前哨戦として臨んだフィンランディア・トロフィーではすでに優勝を果たしてはいたものの、ＮＨＫ杯は怪我をする前のシーズンには連覇していた大会というプレッシャーも手伝って体力的にも精神的にも辛い試合であったにちがいない。

高橋は自著の中で当時を振り返り、「イライラが激しくて先生ともよくケンカしてた。特にＮＨＫ杯の前、先生と大喧嘩して一週間くらい会わなかった」と明かしている。この長野でのＮＨＫ杯はそうした状況で行われた演技であった。現在に至るまで名プログラムとして評価が高い宮本賢二振付のショートプログラム「eye」では後半得意のステップで転倒する場面もあったが、二分五〇秒という時間の中でなんとか持ちこたえたという印象だった。だが、翌日のフリープログラム「道」では明らかにミスが目立った。ジャンプ後、二度目に転倒したその時だった。私の後に座っていた男性が大きな声で「あーあ、またガラスのハートに逆戻りかよ。だらしねえなあ」と言って嗤ったのだ。

「ガラスのハート」とは二〇〇五年の世界選手権（十五位）や二〇〇六年のトリノ五輪（八位）など、緊張のあまり大舞台で自分を見失い、実力を発揮できないこともあった若き日の高橋を形容する際にしばしば用いられた言葉だった。だが、そうしたネガティヴな意味の「ガラスのハート」という言葉をまさかこの場で聞くとは思わなかった。この時の転倒は決して高橋の心の脆さが原因ではない。体が資本の運動選手にとって体力や筋力が落ちることがどれほどのハンディか、微妙な動きやバランスを支える足が思うように動かないことがどれほど演技に影響するか、そうした事態に遭遇するたびに本人を襲う焦燥感や苛立ちが、どれだけ集中力や自信を持つことの阻害になるか……肉体的にも精神的にも苦しい状況を乗り越え、やっとこの舞台に立っているスケーターに「ガラスのハート」とはあまりに心ない発言ではないか。本人の努力や苦悩など顧みずに、表に現れている結果だけで判断されてしまう理不尽さ。それでも懸命に立ち上がって目の前で演技を続けている高橋の姿に、いたたまれなくなって涙が出た。

〈色気〉のある演技

だが、三か月後のバンクーバー五輪での髙橋の演技からは怪我後の不調を感じさせるものは何もなかった。もちろん、膝にボルトを入れた状態で元の通りなどということはあり得ないだろう。本人にしかわからない違和感はあったにちがいない。だが、少なくとも観客に伝わるような形で髙橋がそれを表に出すことはなかった。NHK杯ではプログラム自体が何を表現したいのか、強いインパクトを感じることができないままに終わってしまった。後の席の男性の言葉で髙橋自身の身の上に気持ちが行ってしまったせいもあっただろうし、あの段階ではまだ十分に髙橋本人も滑り込めていなかったのかもしれない。

しかし、このバンクーバーの大舞台ではまるで違っていた。ここでの髙橋は、冒頭の四回転での転倒にひやりとさせはしたものの、帽子や花を差し出すふりをしたり、綱渡りをするふりをしたりとサーカスの楽しさを思い起こさせるようなユーモア溢れるパントマイムから、あの後半での感情の高まりへと怒濤のように観る者を一気にプログラムの世界に引き込んでいく圧倒的な磁力を発揮してみせたのである。

「髙橋大輔には色気がある」と多くの人が口にするが、人が髙橋の色気について語る時、その色気は筋肉質の肉体とかセクシーな仕草のような単純なわかりやすい形に表れたものを指しているようには思えない。髙橋自身が〈色気〉について「僕の思う色気とは、フィーリング、なんとなくの感覚、頭の理解で形で覚えてマネするようなものは色気ではないと思う。こう取り入れてこう表現しよう、とした途端に色っぽさはなくなる気がする」と語っているように、無意識に醸《かも》し出されるものである。言葉で言い表せない様々な感情が彼の中で常に揺らめいている。そのひとつが目に見えない〈心《ハート》〉の波動となってスケーティングをしている時に迸《ほとばし》り出てきて観客の心をぎゅっと鷲摑みにしてしまう、それが髙橋の〈色気〉なのだろう。

十七歳だった羽生結弦は、大人の色気が出ている選手として髙橋の名を挙げ、いつの日か自分もそういう演技ができるようになりたいと語っていた。高校生の彼にはまだ表現できない、スコアでは語れない大人の色気の存在に羽生も気がついていたのであろう。観客の求めるものを全身で与え、観客から反応をもらう——その中では観客と彼との間で秘めやかな交歓が行われ、エクスタシーが生まれるのである。

フェリーニの『道《ラ・ストラーダ》』

バンクーバーで髙橋が滑ったフリーの演目は、イタリア映画界の巨匠フェデリコ・フェリーニの出世作『道』(伊、一九五四年)の中で使用された音楽をいくつか組み合わせたものである。このプログラムの振付を担当した元アイスダンスの選手で振付師のパスカーレ・カメレンゴはいかにもイタリア人らしく、フェリーニ映画はいつも素晴らしいと賞賛を惜しまない。フェリーニ映画が人生について深く語っている点を高く評価するカメレンゴはこの映画のタイトルの〈道〉を〈人生〉の象徴と考え、プログラムを考案した。音楽は、映画『ゴッド・ファーザー』や『ロミオとジュリエット』のテーマソングなどで世界的にその名を知られる作曲家ニーノ・ロータが手がけた。特にテーマソングである「ジェルソミーナのテーマ」は、その哀切なメロディを耳にするだけであのノスタルジックなモノクローム映画の中の様々な場面が頭をよぎる。

映画は、イタリアの海辺の寒村で母と妹たちと極貧生活を送る小柄で風変わりな娘ジェルソミーナが旅芸人ザンパノに二束三文で買われ、オート三輪車で連れ去られて行く場面から始まる。野蛮人のようなザンパノは鉄の鎖を裸の胸に巻きつけ胸の筋肉の力で引きちぎるという芸によって身を立てている。薄弱なジェルソミーナは、家畜同然の扱いでザンパノに呼び込みや道化役を仕込まれ、夜はオート三輪の荷台で彼の相手も務めさせられる。

それでもジェルソミーナは巡業生活を共にしていくうちにザンパノに淡い愛情を抱くようになる。だが、ある日人間扱いされないことに耐えきれなくなったジェルソミーナはザンパノのもとを去り、祭礼で賑わう町で綱渡り芸人イル・マットと運命の出会いを果たす。その後連れ戻されたジェルソミーナはザンパノと小さなサーカス団に加わるが、奇しくもそこでイル・マットに再会する。この軽業師が弾く小型のバイオリンが奏でる曲こそ、髙橋が最終部であの心を揺さぶるようなステップを踏んだ「ジェルソミーナのテーマ」なのである。

実はザンパノとイル・マットは昔から犬猿の仲で、サーカス団の団長は騒ぎを起こしたふたりを見限る。ジェルソミーナはサーカス団への残留を勧められるが、ザンパノについて行くことを決意する。

イル・マットは単純で野蛮なザンパノをからかってばかりいるが、深いところでは不器用な彼の性格をよく理解していた。ジェルソミーナがイル・マットの言葉を受けてザンパノのことを「かわいそうね」とつぶやくと、「ジェルソミーナのテーマ」が再び流れる。次に引用するイル・マットとジェルソミーナとのやりとりは、まさに映画史上に残る名場面と言っていいだろう。

イル・マット　そうだ。かわいそうだ。しかしお前以外に誰が奴のそばにいられる？　おれは無学だが何かの本で読んだ。この世の中にあるものは何かの役に立つんだ。例えばこの石だ……こんな小石でも何か役に立ってる。

ジェルソミーナ　どんな？

イル・マット　それは……おれなんかに聞いても分からんよ。神様はご存知だ。お前がいつ生まれ死ぬか人間には分からん。おれには小石が何の役に立つか分からん。何かの役に立つ。これが無益ならすべて無益だ。空の星だって同じだとおれは思う。お前だって何かの役に立ってる。アザミ顔の女でも。

黙ってイル・マットの言葉に耳を傾けていたジェルソミーナは、小石を彼の手からそっと取り上げ、大事そうにその石を見つめる。涙を浮かべて頷くと、隣に座っているイル・マットに笑顔を向けるのだ。急に活力が漲《みなぎ》ってさんざんザンパノに対する暴言を吐くが、ジェルソミーナは最後に「私がいないと彼は一人ぼっちよ」と言う。

何と優しく美しい場面であろう。人は一人では生きることができない。孤独なザンパノに対してジェルソミーナの心に憐みの感情が芽生える、優しい瞬間である。さらに、それまで自分を無益な存在だと思い込んで絶望していたジェルソミーナがイル・マットの言葉によって、まるで神からの啓示を受けた人のように自らの存在意義に覚醒し、みるみるうちに生気を取り戻していく。この場面は、まさに一瞬が永遠になる奇跡を描いている。

自分の背負わされた運命を受け容れたジェルソミーナは、ザンパノと共に歩む苦難の道を選ぶ。覚悟を決めたジェルソミーナは、その後何度も自分の心構えを何とかザンパノに伝えようとするのだが、しかしその想いがザンパノに届くことはない。拒絶されるたびに彼女がラッパで吹くのが「ジェルソミーナのテーマ」である。

そんなジェルソミーナの健気な心は残酷に踏みにじられていく。道端でイル・マットに偶然に再会したザンパノはこれが復讐の好機とばかりに彼を撲《なぐ》るが、その衝撃で頭を打ったイル・マットは息絶える。自分に勇気を与えてくれた恩人を、人生を共に歩んでいる男が殺害し、証拠隠滅まで図った――あまりのショックにジェルソミーナの優しい心は壊れてしまう。正気を失ったジェルソミーナを扱いかねたザンパノは、ある雪の残る寒い冬の日、オート三輪から降りて眠りに就いた彼女を置き去りにして逃げてしまうのだ。この場面でも「ジェルソミーナのテーマ」が流れる。

数年後、海辺の町に巡業にやってきたザンパノは懐かしいメロディを耳にする。もちろん、「ジェルソミーナのテーマ」である。歌声に誘われるように歩いて行くと、その曲を口ずさんでいたのは洗濯物を干している町の女だった。ザンパノは、ただ泣きながら、その曲をラッパで吹き、ある朝冷たくなっていたというジェルソミーナの最期を聞かされる。その夜、泥酔し、酒場で暴れまわったザンパノは、ジェルソミーナが発見された海へと向かい、波の打寄せる浜辺に突っ伏してひとり慟哭するのだった。そして再び「ジェルソミーナのテーマ」がラストシーンに流れ込む。

悲しい結末である。しかし、これは絶望でも悲惨でもないだろう。ザンパノはジェルソミーナの死を知ることで初めて彼女の愛に気がついたのだ。ジェルソミーナは自らの命とひきかえに、この獣のように粗野な男を回心の道へと導いたのだ。酒場を出た後、「誰もいなくても平気だ。ひとりで居たいんだ」と叫んだザンパノがその直後、海辺で天を仰ぎ、その月光に照らされた瞬間、初めて孤独への恐怖、罪の意識といった人間の心を取り戻し、咽《むせ》び泣く。他のフェリーニ映画と同様に、ここにも「神の愛は信じぬ者にも及ぶ」というフェリーニのカトリック信仰に根ざした哲学が表れている。

髙橋はこの映画の内容は知っていただろう。あの瞬間、〈神の愛〉を信じぬというよりも知らぬのであろう異邦の若きスケーターの上にも、神の啓示のような月の光が注がれていたにちがいない。バンクーバー五輪で私が目にした、天にかざした髙橋の両手の指先がはるかに摑みとろうとしたもの、その〈永遠〉はフェリーニが『道《ラ・ストラーダ》』で顕現させたものと虚空のどこかで交差していたのではないか。この大会で銅メダルを獲得したことは栄光であり、日本男子フィギュア界にとって大きな成果であったが、髙橋にとってはそのことよりも、スケートという芸術を通して自らの迷いや不安、痛みや挫折を凌駕する見えざる〈瞬間の王＝勝利者〉を触知したことの方が深い喜びだったのではないだろうか。

〈人生〉を表現するということ

人生は報われることばかりではない。むしろ報われないことの方が多い。それどころか必死に生きれば生きるほど逆の結果を生む場合もある。だが、一瞬の光が一生その人の人生を照らし続けることもある。この生き難い人生を、絶望し、悲観して生きるのではなく、神の意志に自らの運命を委ね、誰かのために生きることで人生にはまた別の光が射し、救われる——このように映画『道《ラ・ストラーダ》』ではカトリック的な神の救いに人生の灯《ともしび》を見出す過程が描かれている。

この映画をこよなく愛するカメレンゴは髙橋のフリープログラム「道」を振り付けた際、この作品に〈人生〉という重いテーマを託したが、それを人生経験の少ない若いスケーターに表現しろというのは酷《こく》なことのように思われる。だが、多くのスケーターが口を揃えて「スケートが自分を成長させてくれた」と発言しているように、このスポーツを通してスケーターたちは勝負の厳しさから、人間関係や海外経験に至るまで多くのことを経験しており、一般の人たちよりも非常に成熟している面も持っている。

スポーツの勝負の世界にも矛盾はある。どう頑張っても勝てないこともある。頑張ったら全てが報われるわけではない。頑張っても結果が全員に保証されているわけではないから。辛いけれど皆が皆、評価されるわけではない。僕は、評価されないほうが当たり前だと思っている。世の中はけっして平等ではない。だからと言ってそれを見て頑張らないのは何もプラスにならない。

これは実際にとことん自身を追い込んだ経験のある者にしか言えない言葉であろう。決して人生を悲観しているのではなく、世の中が矛盾だらけで理不尽で不平等であることを受け容れる、その度量を持つことが成熟なのである。スケーターは自分にふりかかった苦難を受け容れ、課された義務をこなし、勝負を天に任せ、見ている人のために滑る。時には応援してくれるファンの存在が光に思えることもあるのではないだろうか。人生に光を与えるのは、何も宗教の力だけではない。「観客の皆さんに後押しされて……」といった選手たちが口々に言う演技終了後のコメントも決してリップサービスなどではなく、本音にちがいない。

ソチ五輪からひと月以上が過ぎた三月、さいたまスーパーアリーナで世界選手権が開催された。その会場に髙橋の姿はなかった。この世界選手権を現役最後の舞台に選んだトマシュ・ヴェルネルは、四年という時を経てもなおバンクーバー五輪での髙橋の「道」の演技に賞賛を惜しまなかった。弁舌爽やかに自分の考えを臆することなく語るヴェルネルは、髙橋の演技を、一位のエヴァン・ライサチェクと二位のエフゲニー・プルシェンコと比較して次のように語った。

エヴァン・ライサチェクはごくごくありきたりな演技をした。誰もがプログラムを知っていて、何も新しさを感じなかった。エフゲニー・プルシェンコはとても良いプログラムを演じた。でも、いかにも金メダルを意識したものだった。エレメンツばかりで情熱のかけらもなかった。ダイスケ・タカハシは同じ大会に出ていて、彼らと等しく金メダルを取るチャンスがあったけれど、ただ単にエレメンツをこなすだけの無難な演技にしないと心に決めたんだ。彼は観客のために「芸術家であること」を示すひとつの芸術作品を演じた。僕はこの点にとても感心したんだ。それこそがフィギュアスケートにとって大切なことなんだ。今ではなくなりつつあって、（将来は）目にする機会もますます少なくなる部分ではあるけれど、スポーツというカテゴリーの中でフィギュアスケートをより芸術的なものにしてくれている大切な部分なんだ。ダイスケはそれを見せたスケーターのひとりであって、そこがエフゲニーとエヴァンと非常に対照的だった。ダイスケはなんと輝かしいプログラムであの大舞台に臨んだことか。

髙橋は勝つためのプログラムを演じたのではなく、音楽に合わせてプログラムの世界を演じたのである。バンクーバー五輪での髙橋の「道」は、フェリーニの『道《ラ・ストラーダ》』と同じ芸術の域を表象していたのだ。

すべての芸術は音楽の形態に憧れる

前述したように、多くのことを感じ、考えているのに、それがおそらく難解で抽象的過ぎて言葉で表現できない自分を髙橋はマイナス要素として捉えているようだ。だが、言葉にして表すことができずに溜め込まれた様々な感情があるからこそ、それが音楽に濾過されて彼の身体で表現されているように思えてならない。私が取材した海外のスケーターたちは口々に髙橋の音楽表現の秀逸さを賞賛した。たとえば、ジョニー・ウィアーはバンクーバー五輪を二か月後に控えた二〇〇九年の年末に共にメダルを狙って戦う髙橋について次のように語っている。

ダイスケは僕にとって、とても特別なスケーター。だって、彼は１００％音楽だから。彼は音楽を自然に聞くことができて、音楽の中のどんな小さなビートでさえも聞き取って何か特別なものにできるから。

その感性は教え込まれて出来上がるものではなく、持って生まれたもの、まさに天性なのであろう。髙橋は自分の内にある多くの感情を、〈音〉を通して体現し、時には愛のもつれを描いたオペラ『道化師』のような人間の心の闇や愛憎を描いた物語を、音楽に魂を入れ込むかのように私たちの眼前に描き出して見せた。

十九世紀末のイギリスの唯美主義を牽引した美術批評家ウォルター・ペイターが著書『ルネサンス』の中で「すべての芸術は絶えず音楽の形態に憧れる」と語っている。つまり、絵画のように視覚的に実生活のものとして具体化できない、いわば最も抽象的な〈音〉を媒介にして何かを表現するということは非常に高度であると同時に芸術の醍醐味でもあるということであるが、この最高の芸術形態である音楽の世界を、身体を媒介にして私たち観客に具現化して見せるその能力を髙橋は有している。彼が「髙橋はなんか違うと言われたい」という言葉を口にする時、それはこの音楽表現のことを指しているのではないだろうか。

技術《スキル》が揃っていなければ音楽を表現できないのは言うまでもないことだが、技術だけでは到達できないもの、表現しきれないものが髙橋にはある。それは「情感」、「色気」といった心の領域である。ハムレットのように繊細に様々なことを感じ、たゆたいながら、時には自己否定や自己嫌悪を繰り返し、その過程で醸造されていく感情。その感情を曇りなく映し出すガラスのような繊細で透明な心がなければそれはできない。そのガラスは時に、本人の不安や周囲の反応など感じたくないものまでをも跳ね返してくる反射板になる。そうしたマイナスの感情さえも旋律というフィルターを通して表現できる稀有なスケーター。それこそがまさしく髙橋大輔である。

繊細で感じやすい〈心《ハート》〉は、しばしば脆弱さと表裏一体となる。だが、髙橋の場合、怪我という大きな試練が〈心《ハート》〉を陶治したように思われる。前出の取材の時、ジョニー・ウィアーが髙橋の怪我からの復帰についてしみじみと語っていた言葉が忘れられない。


僕はダイスケがしたことをすごいと思っている。僕は一年もの間休んで体を仕上げてあんなに大勢の人の前で大きなプレッシャーを抱えて戦えるほど、自分が強いかわからないから。同じことを僕にはできるかわからない。だから、ダイスケのそういうところをものすごく尊敬しているんだ。彼はとても強い人だよ。

人生という道のりでどんなに苛酷なことが襲いかかっても砕け散ることがなかった髙橋のガラスの〈心〉《ハート》は、極めて硬質なのである。

感謝の気持ちを形にして

選手生活最後の試合となったソチ五輪のフリープログラム「ビートルズ・メドレー」を滑る髙橋の表情は、驚くほど穏やかであった。二〇〇六年トリノ五輪に初出場した十九歳の髙橋は緊張して実力を発揮できなかった。四年後のバンクーバーの「道」では、切ない音楽に自身の悲しみの感情を乗せた渾身の演技で日本中を感動で満たしてくれた。そして、二〇一四年、二十七歳の髙橋は様々な葛藤に折り合いをつけ、心静かに滑っているように見えた。完璧主義者の彼は「自分が充分やり切った、と思えなかった」と語っていたが、髙橋はこの最後の舞台でも、一度聞いただけで気に入って、練習していても楽しいと語っていたビートルズの音楽世界を表現していたことは間違いない。

浅田真央らの振付でもよく知られる名振付師ローリー・ニコルが、愛と感謝の気持ちと笑顔を忘れずに滑るようにと指導したという、このメドレーの構成は、「イエスタデイ」、「カム・トゥゲザー」、「フレンズ・アンド・ラバー」、「イン・マイ・ライフ」、「ザ・ロング・アンド・ワインディング・ロード」という順番になっている。まるで髙橋からの贈り物のように、彼の競技生活が走馬灯のように思い返される――ああ、あんなこともあったよね、こんなこともあったよね、あの時は大変だったよね――でも、それらの思い出はただの郷愁ではなく、いまある目の前にいる人たちへの愛や感謝の気持ちの中で美しく浮かび上がってくる。

ラストの曲「ザ・ロング・アンド・ワインディング・ロード」は、ビートルズ最後のヒット・ナンバーである。歌詞の内容は試行錯誤しても到達できない神（「あなた」"you"）のもとへ続く長く険しい道のりを象徴的に歌ったものだと思われる。

この長く険しい道のりは、高橋の二十年間のスケート人生に重なるものがある。涙に濡れる夜や失敗を潜り抜けてはるか遠くのものに向かって歩いていくのが人生であるという、諦念にも似た人生の哀しみが滲み出ている。だが、未来にはそこにたどり着きたいという希望もかすかに見える。高橋はソチで引退を決めて滑っていたわけではない。それでも、五輪の代表選考において重要視される全日本選手権で総合五位となったかつてのエースは、明らかに世代交代の波を感じていただろう。

結果的に高橋の現役選手としてのラストを飾ったこのプログラムは四年前の「道」のように劇的な感動はないが、心にしんみりと沁みてくるプログラムである。〈色〉で言えば、中間色と言ったところであろうか。シェイクスピアは『ハムレット』をはじめとする数々の悲劇を書いて頂点に立った後、愛と和解を描くロマンス劇を最後に、筆を折った。悲劇のようにわかりやすくはないが、爽やかな温かい感動を与える髙橋の最後のプログラムは、円熟してきたこの時の髙橋だからこそ出せた微妙な色合いだったのではないだろうか。

二〇一六年に全米チャンピオンに輝いた、表現力が高いことで知られるジェイソン・ブラウンに翌二〇一七年三月にフィンランドで開催された世界選手権で話を聞いた際、お気に入りのスケーターの話になった。スコット・ハミルトンと並んで彼の口から出てきた名前が髙橋だった。

僕はタカハシのスケートが大、大、大好き！　たくさんのクリエイティヴなアイディアを違った曲に合わせて表現したでしょ。タンゴもやったし、サンバもやったし、クラシックも。ダイスケのパフォーマンスの質の高さを本当に、本当に尊敬しています。あの音楽表現は別格です。お気に入りのプログラム？（声を弾ませて）サンバです。サンバがベスト！　あのプログラムは明るい色そのものを表現していますよね。

ブラウンや宇野昌磨のように表現力に定評がある選手は好きなスケーターに髙橋の名を挙げることが多い。彼らもまたその鋭敏な感性で髙橋の演技から滲み出る〈色〉を感じ取ることができるからだろうか。かつて髙橋は自分の目標とするスケートについて次のように語っていた。

僕は「髙橋にしか出せないよね」という自分だけのスタイルを持ちたい。他の誰にもマネできない、たった一つのオリジナルなスタイル。他のスケーターと同じ曲を滑っても、髙橋にしか出せない色。

その〝持ち味〟は一つではない。どんなジャンルの曲でも、各々違った髙橋色を出したい。一色ではなく、白色にも黒色にも。七色あったら七色全部違う顔が出せるような、まるで別人だね、と言われることが理想。（中略）

その「色」は、表面的に頭で計算するものでもなくて、きっと、心の持ちようや人間味。中からにじみ出るようなオーラを持てたとき、皆から「You are talented!」と言ってもらえるようなスケーターになれるんだと思う。いつの日かそうなりたい。

シェイクスピアは、その劇中の個性あふれる人物造形の巧みさで「百万人の心を持つ」と称された。表現しようとしたり、表現力を磨こうとしたことはないと語る髙橋。彼は音楽を表現するのではなく、その音楽になりきるのだ。彼の身体は、メタリックシルバーのようにクールなブルース、情熱の赤を思わせるマンボ、六十年代風の鮮やかな天然色を彷彿とさせるロックンロールメドレー、芳醇なワインのようなボルドー色のタンゴと実に多彩な〈色〉を表象する。音楽を表現する色彩の引き出しをたくさん備えたスケーター、それこそが髙橋大輔である。

銀盤に舞う義経

ソチ五輪後、一年間の休養を宣言し、二〇一四年十月十四日に髙橋は引退を表明した。翌年四月から八か月間ニューヨークのバーナード大学で語学を学び、ダンスを習うなどして過ごし、充電期間を終え帰国した髙橋は、アイスショー出演はもちろんのこと、スケート以外の分野《フィールド》で次々と新たな顔を見せてくれている。

その新しい顔のひとつが歌舞伎とフィギュアスケートのコラボレーション「氷艶 HYOEN 2017『破沙羅《ばさら》』」で主役の九朗判官義経を演じることであった。二〇一七年五月二十日から二十二日までの三日間、会場となった国立代々木第一体育館には連日多くの人が足を運んだ。市川染五郎、市川笑也をはじめとした歌舞伎役者たちと荒川静香、織田信成、鈴木明子などのトップスケーターたちが一同に会したこの氷上の舞台は、ジャンルを超えた世界初の試みであった。

会場に貼られた大型スクリーンを背景に降りてくる女神（荒川静香）が少年に夢物語を聞かせるという設定で始まるこの物語は、はるかなる神話の時代が舞台である。天から天下った瓊瓊杵尊《ににぎのみこと》（織田信成）が妹の木花開耶姫《このはなさくやひめ》（浅田舞）と駆け落ちしたことで嫉妬の権化と化した姉の岩長姫《いわながひめ》（市川笑也）は歌舞伎の世界の大敵役仁木弾正《にっきだんじょう》直則《なおのり》（市川染五郎）を呼び出し、ふたりを闇の国に閉じ込める。主人であるミコトたちを助けようと家来の猿田彦（中村亀鶴《きかく》）は歌舞伎の世界の義経を呼び出す。

想い人の静御前（鈴木明子）を歌舞伎の世界に残し、神代の世界に姿を現した義経と弾正との善悪の対決が繰り広げられる。普段は同じ舞台に登場しない歌舞伎の登場人物が、時代も物語も超えてひとつの世界をつくり上げる。

義経役の髙橋は、牛若丸のように前髪を下ろし、残りの髪を後ろで一本に束ね、黄緑色の源氏の家紋がちりばめられた薄いブルーの上着をひるがえしながら、華麗に舞う。

静御前を想い、苦悩に満ちた義経の心情をスケートで演じる時の切ない表情や、苦悩に満ちた身振りや、過ぎし恋の日々を想い返す場面での情感溢れる柔らかな笑顔など髙橋は選手時代よりさらに磨かれた演技力で観客を酔わせた。

しかしながら、最も会場が沸いたのは、第二幕第一場「闇の国宴の場」で、勝利に酔う悪人たちが開いた宴会に男姿の遊女《あそびめ》に扮して忍び込んだ義経が舞いを披露するシーンであった。仮面で顔の半分を隠し、結い上げた髪に赤い鉢巻きをし、白の地織の布に真っ青な波型の模様や藤や桜、赤や銀がアクセントとして配された着物に横に一列配列された金色のひし形模様が地の黒を引き立てる帯を腰の下の位置で結び、紫色の足袋でスケート靴を履かない髙橋がスポットライトを浴び、三分近い間ひとりで舞う。三味線と横笛、鼓や太鼓の音ひとつひとつに寸分も違わずにぴたりと合った敏捷で力強くもしなやかな腕の動かし方は現役時代の髙橋を彷彿とさせるキレのよさであった。音楽が激しくなるにつれて足や上半身の動きも激しさを増し、会場からは拍手が沸き起こる。髙橋は、和と洋が入り混じった独特の踊りを見事にこなした。

髙橋の踊りの素質について市川笑也は、次のように語っている。

あの方（髙橋大輔）は絶対に日本舞踊が踊れる方だと思いますよ。そもそもスケーターの方々は腰をグッと入れて決められるので日舞に向いている。それに、髙橋さんは勘がよくて、〝トル〟のが早い。振りや立ち廻りも、ぱっと見て飲み込んでできてしまう。もし、こういう人が歌舞伎にいたらこわい。（笑）

スケーター髙橋は、いともやすやすと歌舞伎の世界に入り込む。染五郎と笑也のスケートを滑りながらの演技や宙づり、染五郎のスケート靴での氷上の「飛び六方」など、実に見どころの多い舞台であったが、間違いなく最高の輝きを放っていたのは髙橋大輔であっただろう。

スケート靴を脱いだ髙橋大輔

「彼は素晴らしいダンサーですから」――自身も出場するソチ五輪で優勝してほしいスケーターとして髙橋の名を挙げたブライアン・ジュベールはそう呟いた。

銀盤からまさに「床《フロアー》」に舞台を移し、髙橋は正真正銘のダンサーとなった。

「氷艶」からひと月近くが過ぎた二〇一七年六月十六日、渋谷の東急シアター・オーブは熱気に包まれていた。様々な「愛」の側面をダンスや身体を通して表現する「LOVE ON THE FLOOR 2017」の初日公演であった。前年の二〇一六年六月に髙橋が、五輪金メダリストの米国のアイス・ダンサーであるメリル・デイヴィス&チャーリー・ホワイト、同じく米国代表の五輪金メダリストのクリスティ・ヤマグチやプロの米国のダンサーたちとこのダンス・パフォーマンスに初出演したことは記憶に新しい。今回もメイン・キャストはほぼ変わらないものの、米国のカリスマ的な女性ダンサーで演出も担当しているシェリル・バークとダブル主演ということもあり、髙橋の出番が増え、さらにバージョン・アップされた作品となっていた。

「プロローグ」では髙橋の顔が舞台の画面に大きく映し出され、髙橋による「愛」の定義や普遍性についての少しはにかみを感じさせるような声音のビデオ・モノローグが流れる。

愛は抽象的なものだ。意見、考え、ときには理解しがたい概念になる。愛は常に変化しながら、私たちがこの世で生きる時間を越えて存在する。ロマンス、情熱、痛み、そしてパワーへと。

引用は「プロローグ」の冒頭部であるが、ここで予告されるように、舞台は「ROMANCE」、「PASSION」、「HURT」、「POWER」の四部構成の形をとり、それぞれの「愛」の形をその場面に合わせた物語設定の中で、時にはコンテンポラリー、時にはラテンダンス、時にはヒップホップと色とりどりのダンスで表現していく。愛の始まりの高揚感や、禁断の愛、愛を失う苦悩や絶望の果ての自己破壊など、それぞれのパートの前に流れるビデオ・モノローグ以外は軽快なステップやねっとりと身をくねらせながらのパートナーとの絡み、床に身体を投げ出しての七転八倒、情熱的なフラメンコなどで物語を展開していく。

誰もが経験したことのある「愛」の場面が言葉を介さないがゆえ、かえってダイレクトに胸に響いてくる。その中で圧倒的な存在感を放つのが髙橋である。「雨に唄えば」で傘を手に足取り軽く踊る髙橋もいれば、相手の身も心も奪い去るような攻撃的なエロスを発する髙橋、上半身を露わにして裸足で激しく踊りこなす髙橋もいる。

赤のライトを浴びてキャスティングが全員登場するエピローグの頃には「愛」の持つ底知れぬ力を改めて感じて身体の奥からエネルギーが満ちてきた。大歓声の中、ステージは幕を閉じた。

選手時代に観客を釘付けにした多種多様なダンスは、スケート靴を脱いでも通用することを髙橋は証明してみせた。いずれも一流の表現者である共演者たちも彼のダンサーとしての水際立った表現力に賞賛を惜しまない。ホワイトが「人から教わることのできないほどの感情や情熱。彼はそれを持っている」と語れば、クリスティも「氷上と同様に、ステージの上でも大輔は周りを感化する表現者でした。あらゆる感情でもって演じるので、圧倒的な存在感があります」と語る。

さらに、バークから受けた多くの褒め言葉の中で最も髙橋の印象に残っているのが、次の言葉だ。

プロフェッショナルなダンサーじゃないのはわかってるけど、表現という意味で素晴らしいものを持っている。

フィギュアスケートとダンス。両者は演じる側からすると全く異なるものだという。エッジの傾きで重心を変えるスケートと足裏で身体を支える床上の踊りとでは、傍から見るよりずっと違和感があるのだ。全く違う分野《フィールド》であるダンスのスペシャリストであるバークから表現力を褒められたことは髙橋にとって最も嬉しく、自信となる出来事であったろう。

狂気をはらんだ詩人であり、舞踏家であるアントナン・アルトー、古典バレエの技法の創造者・イザドラ・ダンカン。また土方巽《ひじかたたつみ》、大野一雄ら日本人によって世界に広まった舞踏（ブトー）。二十世紀は身体による芸術表現の冒険史でもあった。そしていま、フィギュアスケートというジャンルが、ほかならぬ髙橋大輔によって二十一世紀の身体芸術の一頁をつくりつつある。

髙橋の芸術性の高さはフィギュアスケートの世界でも健在だ。二〇一七年二月にスイスで行われた「Art On Ice 2017」に出演していることからも明らかである。一九九五年の初演から二十三年目を迎えた「Art On Ice」は、アーティストの生演奏とフィギュアスケートを融合させたまさに「氷上の芸術」という名にふさわしいアイスショーとして世界的に評価が高く、今回で十五回目の出場となるステファン・ランビエルなど芸術表現に秀でたトップスケーターだけが召喚されることで知られている。今回で二度目の出演を果たした髙橋はジャズナンバーを滑り、ホームレス風の衣装で苦悩を表現し、メイン会場のチューリッヒをはじめローザンヌ、ダヴォスの会場でも大きな喝采を受けた。

日本が世界に誇る髙橋大輔の「表現力」はジャンルを超え、国境を越え、身体芸術《パフォーミング・アーツ》に携わる多くの人たちに引く手あまたのようだ。

アスリート髙橋大輔との訣別

二〇一六年の十二月にフィギュアスケートの全日本選手権が行われた時のことである。髙橋大輔とほぼ同時代を駆け抜け、共に日本を代表するスター選手として取り上げられることの多かった浅田真央は十四度目の出場となるこの試合で自己最低の十二位に沈み、十一回連続で立ち続けてきた表彰台に昇ることができなかった。髙橋はテレビのスポーツ番組のコメンテーターとして辛い試合を終えたばかりの浅田にインタビューをする立場だった。浅田の顔を直視できず、そばに佇んでいた髙橋の目は潤んでいた。自身も追い上げられる立場となり、混迷した経験を持つ髙橋には浅田の気持ちが痛いほどダイレクトに伝わったにちがいない。話をするうちに浅田の表情は和み、笑みが浮かんだ。

同じプレッシャーを何度も味わってきた戦友というだけでなく、浅田の気持ちを確実に感じ取る繊細な心《ハート》を持つ髙橋に相対していたからこそ、硬かった浅田の顔にいつものあの笑顔が戻ってきたのだろう。言葉は少ないが、浅田がおそらく感じていたことを瞬時に正しく自分のことのごとく感じ、とにかく相手に寄り添おうとする髙橋の心の繊細さ、優しさが滲み出ている一場面であった。この時の全日本選手権が浅田の華麗な経歴に彩られた現役選手としての最後の試合となった。それから三か月後に浅田は競技生活に終止符を打った。

映画『道《ラ・ストラーダ》』の中でイル・マットとの短い会話がジェルソミーナの人生に光を与えてくれたように、自分の心に寄り添ってくれる人の優しさに救われる瞬間というものがある。髙橋と話したほんの数十秒の間で強張っていた浅田の表情も柔らかになった。そう、これこそが髙橋なのだ。言葉は決して上手ではないが、心がこもっている。いや、むしろ心があり過ぎるから言葉にならないと言えばいいのだろうか。

彼の持つ繊細さや優しさはもしかしたら試合には不向きだったかもしれない。ハムレットが復讐には不向きであったように……。

髙橋は現役を退いてから「『アスリート髙橋大輔』を演じなくなりました」と語っている。「競技者」という仮面を脱ぎ、本来の自分自身と向き合った時、髙橋はどのような答えを出すのか。三十一歳になった髙橋大輔の人生はまだ始まったばかりだ。今度のスコアは数字ではなく、観客の反応として返ってくる。まさに彼にとっては最高の舞台が用意されている。これから彼のガラスの心《ハート》はどのような色を、どのような世界をその時々に映し取ってくれるのだろう。私たちはそれを楽しみに待っている。彼の〈道〉はまだまだ続くのだから……。

恋をしないラーンスロット

ブライアン・ジュベール

Brian JOUBERT

「世にも気高い騎士ラーンスロットさま、あなたさまへの恋のために、とうとう死が私ども二人の仲をさいてしまいました。私はあなたを愛していました。人々にアストラットの美しい姫と呼ばれていました。貴婦人がたにこの悲しみを訴えます――どうか私の魂のために祈って下さい。せめて私を埋葬して、私のためにおミサの献金をして下さいませ。これが私の最後のお願いでございます。神さまに誓って、私は純潔無垢なまま死にます。ラーンスロットさま、私の魂のためにお祈り下さい。比べる者もないすぐれたお方」

（トマス・マロリー、厨川文夫・圭子訳『アーサー王の死』より）

中世の町、ポワティエにて

二〇一三年九月。車窓の向こうには強い陽射しに照りかえったフランスの田園風景が広がっていた。パリのモンパルナス駅を出発してからまだ三十分だ。その日、私はボルドー行きのTGVに乗り、西に向かって二時間ほどのところにあるフランス中西部の町ポワティエへと急いでいた。行けども、行けども変わらぬ景色を目にしながら、私の胸はこの思いがけない旅への期待で弾んでいた。

ポワティエは、フランスが誇るフィギュアスケーター、ブライアン・ジュベールの故郷である。二〇〇七年に東京で開催された世界選手権で優勝した実力者であることはもちろん、ジュベールと言えば、何と言ってもその映画俳優顔負けの端正な顔立ちと一七九センチというスケーターにしては長身の鋼《はがね》のような鍛え抜かれた肉体の持ち主として知られている。フランスの雑誌の表紙やグラビアのほとんどをジュベールが飾っていたこともあるほど、絵になる男性なのだ。そのジュベールに、しかも彼の故郷で取材することになったのだ。

町の中心部にたどり着き、タクシーから降り立つと、そこはまるで中世の時代に迷い込んだかのよう。中世時代からの古い木造の建物が並び、まるでおとぎ話に出てきそうなノートル＝ダム・ラ・グランド教会。小ぶりでありながら、上部には薔薇窓があり、多くの聖人像が据えられた石造りのファサードからは風雪に耐え、長い歴史を刻んできたと一目でわかる風情が漂っている。

約束の午後三時前。カフェのテラス席にいる私を認めると、ジュベールは容赦なく降り注ぐ陽光の中を足早に近づいてくる。パラソルの下に入ってきたその彫りの深い顔には試合では見たことのないリラックスした笑顔が浮かんでいた。

ゆるやかなTシャツの上からもはっきりと浮かび上がる厚い胸板、決して長くはないが筋肉が発達した頑強な腕が、瞳を伏せると睫毛が濃い陰翳をつくるその整った顔をより一層引き立てる。容姿端麗なスケーターにはたいてい「銀盤の貴公子」、「氷上の王子」などというキャッチコピーがつけられる。だが、顔立ちが美しく品があるにもかかわらず、ジュベールがそう呼ばれるのを聞いたことがない。王子や貴公子と呼ぶにはその肉体はあまりにも逞しく、その人柄はあまりにも質実剛健だからなのだろう。中世の町を背景に佇むジュベールは、むしろ銀色に輝く鎧を身に着け、美しい飾りのついた兜を戴いた騎士の方がふさわしいのだ。

四度の五輪出場

あの夏のポワティエの日から早くも四年が過ぎた。ソチ五輪を最後にジュベールの姿を試合で見かけなくなってから三年以上が過ぎた。トリノ五輪で活躍した同世代の選手の中で、十三年の間一度も長期の休養をとることなく現役を続行したジュベール。その戦歴は華麗だ。フランス国内選手権では八度の優勝を果たし、フランスでは押しも押されもせぬトップスケーターの地位を守り続けた。ヨーロッパ選手権ではシニアに移行した十七歳の時にいきなり銅メダルを獲得し、その後二〇一一年まで十年間連続で表彰台に上り続けたヨーロッパを代表するスケーターだ。さらに、世界選手権においても表彰台の常連で、二〇〇七年に世界チャンピオンの座に輝いたことは先に述べた通りである。

だが、四度出場した五輪の女神は決して彼に微笑むことはなかった。むしろ棘《いばら》の冠を与えたと言ってもいいだろう。十七歳の時、最年少のフランス代表として出場したソルトレイク五輪は十六位であった。続く二〇〇六年のトリノ五輪ではメダルを期待されたがジャンプのミスがたたって六位に終わった。翌シーズンは、その雪辱を果たすべく次の五輪の金メダリストになることを目標にすぐに立ち上がったジュベール。出場する試合すべてに優勝し、世界王者になるという快挙を見せた。世界タイトルを手にしてからも、バンクーバー五輪の金メダリストとなる米国のエヴァン・ライサチェクや当時頭角を表し始めたカナダのパトリック・チャンと互角の勝負を繰り広げた。ところが優勝候補筆頭と目されて臨んだバンクーバー五輪ではまさかの十八位。その四年後、最後の五輪出場となったソチ五輪でも何と十四位に終わったのである。

他の試合ではこのような下位になることは決してなかったジュベールが五輪となると実力を発揮できない――不運としか言いようがないのだが、本国フランスで人気の高いアスリートであったジュベールはトリノ五輪の時には国民の期待に沿えなかったことで批判の嵐に晒され、優勝が期待されていたバンクーバー五輪の後もバッシングを受けなければならなかった。それが抜けない棘《とげ》のようにジュベールをして現役選手を続けさせる原動力となっていたようだ。

スケートに忠誠を誓った騎士

氷上における騎士は常に自分を超えた、ある何ものかと盟約を結んでいるかのように見える。

ソチ五輪の前《プレ》シーズンにあたる二〇一二年十一月、パリで行われたエリック・ボンパール杯でジュベールに取材をした時のことである。なぜプルシェンコやウィアーのように一年か二年の休養を取らないのか尋ねると、彼は「もしも休んでしまったら、戻れないと思うからです」と答えた。生真面目過ぎる答えにさらに説明を求めると、「毎日沢山の練習を続けていかなくてはならないと思うからです。バカンスの味を知ったら、楽しくなって、そこにとどまりたくなってしまうだろうから」と話す。競技生活には体重管理や苛酷な練習などが求められ、相当にストイックな生活を余儀なくされる。まして二十九歳になるまでスケートのためにほとんどの時間を使ってきたのであれば、違う世界を覗いてみたいという欲求もあるだろう。年頃の男性であれば、恋愛を満喫したいと思うこともあるだろう。だが、彼はその味を知ったら戻れないかもしれない弱い自分を知っているからこそ、バカンスを禁じ、自らを戒め、スケートに照準を合わせようとしていたのである。

フィギュアスケーターは若い頃に競技生活に終止符を打つ。トリノ五輪で金メダルを獲得した荒川静香は当時二十五歳であったが、歴代の女子五輪金メダリストの中で最年長であった。男子も二十歳前後が競技人生の最盛期で、後は下降線をたどるというケースが多い。したがって二十九歳というのは、フィギュアスケーターの中ではかなりのベテランの域に入る。二十代の選手たちが「もう年を取り過ぎた」などと言うのを聞いて最初は驚いたものだが、それは日に日に衰えていく体力と戦ってスケートを続けている選手の偽らざる実感から出る言葉だということが取材を通して徐々に理解できるようになった。

ジュベールはこの二年前にすでに幼少時から長年彼を見てきたコーチのヴェロニク・ギヨンから引退を勧められていた。だが、自分の可能性を信じ、その助言を拒絶した。そんな彼を引き際がわからないとか傲慢などと批判する声もあった。だが、周囲にどう言われようと、ジュベールは現役続行を貫き通した。それを可能にさせたのはやはり彼のスケートに対する並々ならぬ愛なのであろう。その愛の深さはジュベールの言葉が物語っている。

僕はフィギュアスケートが大好きです。僕がのめり込めるもの、僕の情熱そのものです。それでも、時々大変でやめたくなることもあります。練習に行きたくない時もあります。もうスケートなんて終わりにしてしまいたい、そういう気持ちになることだってあるんです。でも、僕はこのスポーツを愛しています。スケートをすると僕は幸せになれる。だから、次の日には練習に戻るんです。だからこそ、十二年も高いレベルで戦ってきたその後でも、まだこうして現役選手としてとどまっているんです。このスポーツを愛しているから。

スケートこそ自分の人生だと多くの選手は語る。選手であればその生活をスケートに捧げるのは当然の話で、いわば聞き慣れている話のはずだった。だが、このジュベールの応答を聞いた時、私の胸で小さな嫉妬の炎がチラチラと燃えた。本人はその端正な顔の眉ひとつ動かさず、いたって冷静に淡々と率直に話していただけなのだが、これは紛《まぎ》れもない激しい愛憎の告白だ。だが、ジュベールにとってその恋人は女性ではなく、スケートなのである。スケートの傍らで他のことも器用にこなす選手もいるが、彼の頭の中はいつもスケートでいっぱいで他の夾雑物が入る余地はない。

まるでスケートに忠誠を誓った騎士ではないか。ジュベールは中世のアーサー王伝説に登場する騎士ラーンスロットを彷彿とさせる。奇しくも正式な名であるラーンスロット・デュ・ラック（フランス語で「湖のラーンスロット」）から推察できるように、ラーンスロットはアーサー王伝説の他の主たる登場人物とは異なりフランス出身である。礼節正しく、徳が高く、強靭な肉体を持つラーンスロットは槍の名手で、数々の戦勝を上げた。その上、容姿端麗なのである。主君であるブリトンの王アーサーにも非常に気に入られて信頼を得ているが、その男前ゆえに王の妃《きさき》であるグヴィネヴィアと不倫関係に陥る。姦淫の罪を犯すだけでなく、主君を裏切るという二重の苦しみに苛まれながら、ラーンスロットは美しくも誇り高い王妃に跪いて身も心も捧げることを誓うのだ。

道ならぬ恋に身を窶《やつ》すラーンスロットは、その真面目な性格からお妃以外の女性を寄せつけようとしない。不倫は犯しても決して軽薄な浮気男などではないのだ。だが、娘たちはこのラーンスロットに恋い焦がれる。たとえば、多くの男たちの求婚を拒んできた美しいエレーン姫はひと目でラーンスロットの輝くばかりの美しさに心を奪われ、この類まれな騎士の子供を娘に生ませたいと切に願う父王と諮《はか》り事——こともあろうにグヴィネヴィアになりすまし、暗闇の中でラーンスロットと同衾する——をめぐらす。見事にこの計画は成功し、エレーン姫は彼の子を身ごもるのである。やがて、結婚するか愛人にしてくれなくては焦がれ死にしてしまうと懇願するエレーン姫にラーンスロットは「その二つだけは、どうにもなりません」とにべもなく拒絶する。彼の心はグヴィネヴィア一筋であり、エレーン姫はラーンスロットへの思いを募らせ食事も咽喉を通らなくなり、ついには死に際に手紙を父に託し、天に召されるのである。この章の冒頭の引用文は、エレーン姫が父に綴ったその手紙の中の言葉である。

十九世紀イギリスの桂冠詩人アルフレッド・テニスンも「シャロット姫」という詩の中でこのラーンスロットを登場させている。川の孤島に聳え立つ高い塔の中でひとり機織りをするシャロット姫は鏡を通してしか外界を目にすることが許されない。もしも鏡越しではなく自分の目で外を見たら、不吉なことが身の上にふりかかるという呪いをかけられているのである。ところがある時シャロット姫は鏡に映ったラーンスロット卿に恋をして、外の世界へと踏み出す。しかし、姫は船で川を下る途中に息絶える。シャロット姫も美しいエレーン姫と同様にラーンスロットに出会ったために命を落としてしまう。手も触れずにその存在だけで女性を死へと導く、まさに「宿命の男《オム・ファタル》」という言葉がふさわしいのがこのラーンスロットなのである。

ジュベールの場合、グヴィネヴィア王妃にあたるものがスケートだ。二〇一六年十二月に来日したジュベールに会って話をした。その時に「あなたはラーンスロットみたいですね。ただし、女性ではなくスケートにすべてを捧げるラーンスロットですけど」と言うと、ラーンスロットを知っていたジュベールは嬉しそうに「それは光栄です。そう、僕はスケートにすべてを捧げています。今でもそうです。そして、騎士《ナイト》のように戦う男《ファイター》であり続けました。最後の瞬間でさえ僕は戦う男《ファイター》でした」と答えた。

澄んだ無垢な瞳

二〇一二年九月のことだ。福井で行われたアイスショーの会場。窓に面した廊下にはパイプ椅子が四脚用意されている。その日、私はフィギュアスケート専門誌からジュベールとステファン・ランビエル、そしてジョニー・ウィアーの三人合同のインタビューを依頼されていた。年齢も近く、国は異なってもジュニア時代から共に戦い、同時代を生き抜いてきた彼らは、氷に映える素晴らしい容姿も手伝って日本でもヨーロッパ圏でも絶大な人気を誇ってきた。その三人のひとりと話すだけでも光栄なのに、三人まとめて一挙に取材するということなので私の心は否応なく高揚していた。うだるような午後の陽射しが降り注ぐ外界に比して、リンクに氷が張られた場内の空気はひんやりとしており、かえって昂ぶる気持ちを落ち着かせてくれる。

約束の時刻に集合場所に向かうと、用意された椅子に腰かけていたのはジュベールとランビエルだけだった。ふたりは話をするでもなく、ランビエルは退屈そうに時間を持て余し、ジュベールはパイプ椅子に収まり切らない見事な肉体を前かがみにして手を組んで下を向いていた。簡単に挨拶を済ませたものの、何か話をするでもなく、全員が揃うのをただ立って待っていると、ランビエルは私のことを一瞥するや、素早く隣で別のインタビューの準備をしていた他の出版社の男性のところに近寄って話し始めた。

ふと残されたジュベールの方に目がいった。同じくランビエルのことを目で追っていたジュベールも静かに椅子に腰かけたまま私に視線を向けた。その瞬間のジュベールの瞳がたちまち私の心を奪った。その瞳には疑心も衒《てら》いもなく、相手を見透かすような鋭さもなかった。その代わりにただ相手の言葉におとなしく耳を傾け、じっと相手の顔を見上げる仔犬のような無垢で静かな輝きが宿っていたのだ。そのイノセントな眼差しは、端正で精悍な顔立ちからも、筋骨逞しい肉体からも、その力強く男性的なスケーティングからも、想像しえないものだった。

この眼差しに出会って虚を突かれた私は、それを取り繕うかのように「先ほどあなたが滑ったプログラム、『スーパーマン』、とても素敵でした」と慌てて声をかけた。すると、ジュベールも少しはにかんだように微笑んで「ありがとう。あのプログラムは気に入っています」と答えた。この穏やかで無垢な瞳の青年があの「四回転論争」のジュベールなのだろうか？

四回転ジャンプの救世主

ジュベールが騎士であるのはその風貌によるものだけではない。現代のスケート競技の勝敗を決定づける四回転ジャンプを全力で守り抜こうとした姿勢も騎士たる所以である。

現在では男子のプログラムに当然のように組み込まれている四回転ジャンプ。だが、このジャンプを得意とする選手が不遇の時代もあった。ロシアのエフゲニー・プルシェンコとアレクセイ・ヤグディンとの四回転対決の時代が終わり、プルシェンコがトリノ五輪で金メダルを獲得して試合に姿を見せなくなってからの数年間が四回転にとってまさに冬の時代であった。四回転と言えば、長い間トウループとサルコウが主流であったが、今ではルッツやフリップ、ループといった多種の四回転を試合で決める選手が出てきて、公式に成功していないジャンプは四回転アクセルを残すのみとなった。また、ひとつのプログラムに四回転を入れる数も以前は一本がせいぜいで二本入れる選手は稀であった。まして、三本ともなれば奇跡に近かった。フリープログラムに四回転を五本組み込む選手がいる現在では考えられないことである。

しかしながら、四回転が冬の時代だった頃は、回数や種類の問題よりも、むしろこれからの男子フィギュアスケートに四回転が存続していくのかという根本的なことが問題になっていた。失敗すると減点が大きく、プログラム全体が乱れる可能性の高い四回転ジャンプ。当時はリスクの割に評価されないためこのジャンプそのものを回避する選手も多かったのである。このまま四回転ジャンプは姿を消すのではないかという危機感が男子フィギュア界に走っていた。

二〇一〇年、カナダのバンクーバーで開催された五輪は特にこの四回転受難の時代を象徴する試合であった。上位の選手で四回転を組み入れた選手は僅かであり、結果は四回転を跳ばなかった米国のエヴァン・ライサチェクが優勝。五輪シーズンに二つ目の金メダルを狙って復帰を果たし、四回転ジャンプを跳んだプルシェンコは銀メダルに終わった。この時、プルシェンコは表彰式で一位の表彰台を飛び越えて二位の台に移るというパフォーマンスで結果に対する不満を表明した。

だが、実はジュベールはこのバンクーバー五輪の出来事の数年前からこの風潮と闘ってきた。「フィギュアスケートの未来のため」という自負のもと、難度の高いこのジャンプにこだわり続け、果敢に挑戦し続けた。その成功率は当時活躍していた選手たちの中でも群を抜いていた。ジュベールはひとつのフリープログラムに四回転を三本入れて成功させたヨーロッパで最初のスケーターでもある。

四回転ジャンプの代名詞的存在となり、「四回転サイボーグ」などと称されるようになっていたジュベールは、世界王者として連覇を狙って臨んだ二〇〇八年スウェーデンのヨーテボリで開催された世界選手権では二位に甘んじた。この時優勝したジェフリー・バトルは四回転ジャンプを跳ばなかった。ジュベールは記者会見で四回転を回避してミスなくまとめる者が優勝する当時の風潮に正面切って疑問を呈した。四回転を跳ぶリスクに見合った評価がなされるべきだと提言したのだ。これがいわゆる「四回転論争」に発展し、ジュベールは傲慢だと批判されるようになった。

それでも、ジュベールの姿勢は変わらなかった。そんな折、この翌年の二〇〇九年に米国ロサンゼルスで開催された世界選手権の公式練習後、北米の記者たちの前で、当時優勝争いに絡み始めていたカナダ代表の十七歳、パトリック・チャンがジュベールについて語った内容が問題になった。

ジュベールはいつも負けると文句ばかりで、潔くない。四回転のことばかり口にするけれど、ジャンプ以外のものをもっと練習したらどうか。彼の演技はパフォーマンスも、フットワークも、スピンも、もっと上達の余地がある。

その内容は『ロサンゼルス・タイムズ』紙に掲載され、ジュベール本人の耳にも届いた。ジュベールは自分の信念をただ正直に語ったに過ぎない。バトルやチャンの優勝に対する嫉妬などという個人的なレベルの理由ではなく、自らの信念に基づいてスケートが技術的進化を遂げずに衰退の一途をたどろうとしているその状況に警鐘を鳴らすため、公の場で率直な意見を述べたまでなのだ。このことが面白おかしく書き立てられ、ジュベールが負け惜しみを言っているかのような誤解が生じたのは何とも残念な話である。しかも、このことで「四回転しか売りのない選手」という歪曲された印象まで植えつけられてしまったような気もする。

たしかに当時の男子フィギュアの上位を占めていた選手たちの特徴である優雅さやしなやかさではなく、硬質な演技こそがジュベールの持ち味であり、それは時に荒削りに映った。しかし表彰台に乗るためにはスケーティングも表現力も必要であり、ジュベールにそれらが欠けていたわけでは決してなかったのに。むしろ、チャンが四回転を跳ばずに二位となり、ジュベールが三位に終わったこの二〇〇九年ロサンゼルスの世界選手権での演技構成点はショート、フリー共にチャンよりジュベールの方が上回っていた。

二〇一二年十一月のフランス大会で彼に自分の「独自性」とは何かと尋ねると、次のような答えが返ってきた。

たとえば、「ブライアン・ジュベールといえば、ジャンプ」です。それが僕にとってはものすごく大切なことだと思うのです。将来、たぶん誰もが僕のことを忘れないでいてくれるでしょう。きっと僕がジャンプの名手だったということを覚えていてくれるでしょう。たとえ僕が芸術的には素晴らしいスケーターでなかったとしても、技術的には大丈夫だということです。だから、そういうところが僕の個性なのです。そして、僕にとってはそのことが世界タイトルや五輪のタイトルよりもずっと……一番大切なのです。

ジュベールにとって「四回転ジャンパー」であることは世界タイトルや五輪のタイトル以上に大事な「個性」だったのだ。まさに四回転ジャンプは彼そのものだった。四回転論争の後しばらくしてチャンが四回転に挑戦し始め、いまでは「四回転の立役者」とテレビで紹介されているのを聞くと、あの時弱き者に手を差し伸べる騎士のごとく矢面《やおもて》に立って四回転ジャンプを守り続けようとしたジュベールの姿が脳裏をよぎるのである。

純粋《ピュア》な心の持ち主

利害に関係なく、自己の信念を貫く潔さ、大切なものを必死で守り抜こうとする真摯な姿勢――それこそが騎士の資質である。だが、初めてジュベールに取材した当時「四回転論争」の経緯を深くは理解していなかった私は、ジュベールに対してどこか頑なで不遜なイメージを持っていた。インタビューの約束をすっぽかすといった話もしばしば耳にしていたので、気まぐれで気難しい選手なのではという先入観も手伝っていたのだろう。だが、福井の会場で邪心のない澄んだ瞳を前にした途端、ジュベールに対する負のイメージは一気に吹き飛んでしまった。その後何度か個人的にインタビューをする機会に恵まれたが、この時のジュベールのイノセントな瞳は時折フラッシュバックしたものだ。

この直後に遅れてウィアーがやって来てジュベールとの束の間の談笑はすぐに中断された。ウィアーの姿を認めたランビエルも席に戻ってきた。フィギュアスケート専門誌に掲載されたこの時のインタビューは非常に評判がよく、次号に続編が載せられるほどだった。それにしても、この三人が揃った時の華やかなことと言ったら……。個性も三人三様である。弟のいるお兄ちゃんらしく、その場をうまく取り仕切ってまとめてくれる世話好きなウィアー。ウィアーにじゃれついてふざけながらも、スケートの話となると情熱的に語るランビエル。ふたりの話をにこやかに聞いている寡黙なジュベール。

このインタビューの直後、アメリカでウィアーに取材をする機会があったので、思い切ってジュベールの言葉数が少なかったことが気になっていると打ち明けてみた。すると、ウィアーは「ブライアンはとてもシャイなんだよ。氷上では自信に満ちて堂々としているけれどね。リンクから離れると、とてもシャイ」と立て板に水のように話すと、私の目を見つめて言った。「それにブライアンは僕らの中で一番優しくて繊細だし、一番純粋なんだよ」と。

いまではアメリカ三大ネットワークのひとつNBCの顔としてスポーツからハリウッドの授賞式

のコメンテーターまでこなすウィアー。その滑らかな話しぶり、的確な言葉の選び方、分析能力の高さは天性のもので、物の本質をスパっと言い当てる。そのウィアーがジュベールを「純粋」と評するのを耳にして、私の中でこの「純粋」という言葉と福井での眼差しが一本の線で結びついた。

バンクーバー五輪直前の二〇一〇年二月十四日放送の「NHKスペシャル　ミラクルボディー」では、四回転ジャンパーとしてのジュベールが特集された。その中で印象的だったのが、練習がうまくいかなかったり、気持ちが落ち込んだりした時には、家で飼っている熱帯魚をひとり眺めて心を落ち着かせると語っていたことだ。何か彼のとても繊細な部分を覗き見してしまったような気がした。

冷静《クール》と情熱《ディープ》の狭間で

だからこそ、こだわっているものへの愛情がディープなのには驚かされる。スケートへの愛情はもちろんのこと、故郷ポワティエと家族やペットに対する愛情も限りなく深い。大都会パリの生活よりもポワティエでの生活を選ぶジュベール。結果が出なければコーチやスペシャリストを躊躇なく変えるなど、スケートに関しては妥協を許さず非情な面さえ持つジュベールが技術の向上のために海外や都会の一流クラブに移るのをことごとく拒んできたことは意外だが、愛する家族や動物たちに囲まれて慣れ親しんだ場所に身を置いて落ち着いた気持ちでスケートに専念することが合っているのだと語る。自国開催の大会で本来の演技ができず、観衆の期待に応えられなかったジュベールは、「地元での試合は苦手なんだ。強いプレッシャーを感じて気が重くなる」と話した。それほど繊細な面を見せる彼には心から安らげる場所が必要なのだろう。

若い頃のジュベールは、滑っている時、その整った顔立ちが無表情で表現力に乏しいと評されることもしばしばであった。それに応えるように、映画「007」のプログラムで、ジェイムズ・ボンドを演じるためにボクシングを習い、苦手なスピンをスイスのスピンの名手ルシンダ・ルーに教わるなど、とにかく前進しようという意欲と努力とが実を結び、アクション風の表現力にも技術にも磨きがかかり、世界王者になったことはいまさら言う必要はないだろう。だが、容姿は歴代のジェイムズ・ボンドに負けてはいないのだが、ボンドという、命がけで使命を果たしつつ女好きでもある危険な獣のような匂いまで伝えていたかと言うとどうだろうか。むしろ清潔過ぎて色気が足りないボンドであった。当時はまだ二十一歳だったのだから、成熟した男性の魅力を演じるのは難しかったかもしれない。

だが、そうしたクールな印象が覆される瞬間がしばしばある。たとえば、二〇〇六年ロシア杯で滑ったフリープログラムで三度の四回転ジャンプを決め、プログラムが終了した後、おもむろに氷上に跪くや先ほどまで滑っていた硬く冷たい氷に熱い烈しい接吻をした時。冷静で真摯な顔からは想像もつかぬ本能に突き動かされたかのような突然の熱情の奔流は、日ごろは自らを戒め武術に励む騎士が、重い甲冑を外してグヴィネヴィア王妃を腕に抱く時にだけ迸らせる熱情と重なり、息が詰まるほどの雄《おす》の色気を発散する。

敗北の美

スケートという競技は当然のことながら優勝劣敗の世界である。しかしながら、時として敗北が絵になる瞬間がある。

二〇〇九年にロサンゼルスで行われた世界選手権の時のジュベールがまさにそうであった。ショートプログラムで首位に立ち、優勝最有力候補であったにもかかわらず、フリープログラムでは後半の二回転で転倒してしまい、優勝はおろか前年の二位から順位を下げ、三位に終わった。四回転ジャンパーが二回転ジャンプを失敗する――普段のジュベールからは想像さえできないミスに本人もショックを隠せない様子だった。その瞳は完全に色を失い、演技終了後も両手で髪の毛をつかみ、憔悴しきった表情で氷の上を何度も何度も旋回した。

二度入れる予定だった四回転を一度だけにとどめたため、ノーミスであれば優勝だったが、とんでもない初歩的ミスに足をすくわれ、優勝を逃した元世界王者。この時の彼は自分の判断ミスを責めていたのか、起こった現実を受け入れがたかったのか――。それは傍《はた》からははかり知れない。しかし、その色を失った真剣な表情が先ほどまでの演技以上に、彼がフリープログラムの四分三十秒に賭けていたあらゆるもの、情熱や時間、痛み、我慢などのすべてを物語っていた。それが一瞬のうちに水泡に帰したのだ。

多くの観客が見守る中、彼はたったひとりでその絶望に打ちひしがれていた。この時のジュベールの美しさに胸を締めつけられるような思いになったのは、あの広いエクセル・エナジー・センターの会場の中で決して私ひとりだけではなかったはずだ。あまりにも無防備であまりにも真剣過ぎる——母性本能というものは、こんな風に途方に暮れている彼の元に駆け寄って何か声をかけてあげたくなる——そんな時の気持ちのことを言うのかもしれない。勝負としては失敗に終わったが、試合というものの残酷さと厳しさ、そこに挑む選手の真摯さを見せてくれたという点でこの時のジュベールの姿は、ひとつの美の形、いわば〈敗北の美〉を体現していた。

その翌日のエキシビションで長くゆっくりとした濃厚な投げキスを観客に贈る姿にも、いつもはサービス精神旺盛とは言い難い彼だからこそ心からの感謝の気持ちが託されているように見える。感情の赴くままの行為の最中のジュベールは、その内側に底知れぬラテン系の男の熱い血が流れていることを思い出させてくれる。

芸術性にこだわった最後の試合

ジュベールに歴代のプログラムの中で好きなものを聞くと、二〇〇八—二〇一〇年シーズン・ショートプログラム「ライズ」、二〇〇五―二〇〇七年シーズン・ショートプログラム「007　ダイ・アナザー・デイ」、二〇〇三―二〇〇四年シーズン・ショートプログラム「タイム」を挙げた。「007」もそうだが、「マトリックス」や「ラスト・オブ・モヒカン」、「グラディエーター」などジュベールには映画のテーマソングを使用するイメージが強い。前出のウィアーとランビエルとの三人合同のインタビューでランビエルに、もしもジュベールにプログラムを提供するとしたらどのような音楽を選択するか尋ねたところ、映画のテーマソングにしたいと話していた。たしかに映画のテーマソングを使用すれば、その映画の役柄がジュベールに重なり、観客も感情移入しやすい。それは裏を返せばジュベールには音楽そのものを、抽象的なものを表現する力が不足しているということでもある。

私が取材をするようになった頃、つまり二〇一二年から二〇一四年のジュベールは「芸術性のあるところを見せたい」とことあるごとに口にしていた。当時のジュベールは表現力という点で何か行き詰まりのようなものを感じていたのではないだろうか。四回転や力強さが自分の強みであることはよくわかっていたはずだが、最後にはその自分を信じることができなかったのかもしれない。純粋過ぎる、優し過ぎる彼は自分の武器で勝負することに臆したのだろうか。いや、強靭な肉体から繰り出されるパワフルなジャンプはもとより、若い頃には苦手だったスピンも以前ほど体の硬さが気にならなくなり、粗いところのあるステップもずっと洗練されたものになってきていた。彼は努力の人でファイターであり続けた。むしろ「四回転論争」で、ある種の人が受けたジャンプだけにこだわる単純なスケーターというイメージを覆し、表現者としても力があるところを本当に見せたかったのかもしれない。

ソチ五輪を控えたシーズン開幕前にはフリープログラムを前のシーズンに滑った「グラディエーター」としていたが、紆余曲折の末、「アランフェス協奏曲」というフィギュアスケートで多くの選手が滑ってきた曲に変更した。五輪で滑る曲といえば、ここ一番の勝負のために早くから戦略を練る選手も多い中、なぜこの時期に王道の曲に変更したのだろう。

映画『グラディエーター』（米、二〇〇〇年）は、ローマ帝政時代を舞台に、ローマ軍将校のマキシマス・デシムス・メレディウスが皇帝マルクス・アウレリウスとその息子コモドゥスとの後継者問題に巻き込まれ、家族を処刑されて絶望の淵に陥り、奴隷として売られるが、やがて剣闘士《グラディエーター》となる。復讐の機会を窺っていたマキシマスは最終的にコモドゥスとの一騎打ちで復讐を果たすも、自らも致命傷が原因で絶命するという内容だ。若かりし頃のジュベールが憧れていたロシアのアレクセイ・ヤグディンが滑った曲でもある。

銀色の甲冑風の飾りを肩から胸に戴き、剝き出しになった筋肉隆々の左腕の手首には甲冑と揃いの銀の飾りが鈍い光を放ち、黒のパンツに映える古代を想起させるベルトの下には銀色の上着の裾をひるがえし、ローマ時代の英雄を力強く演じるプログラムは男らしく硬派なジュベールの魅力が引き出されていた。本人も二〇一三年四月に東京の国立代々木競技場で行われた世界フィギュアスケート国別対抗戦終了後の取材では「グラディエーター」について次のように語っていた。

あれは僕の人生そのものです。時として人生はとても素晴らしく、楽に物事が運ぶのですが、時には厳しく苛酷なものになります。僕はそれでも常に諦めずに来ました。いつも戦ってきました。だから、このプログラムは僕の物語でもあるのです。

自己を投影できるプログラム「グラディエーター」からまったく異なるクラシック音楽である「アランフェス協奏曲」への変更である。ジュベールは何に焦点を合わせるのか、何を信じていいのか見失ってしまっているように見えた。二〇〇六年のトリノ五輪前に二十一歳のジュベールが語っていたある言葉が蘇る。

僕は優雅にクラシック音楽で滑るタイプじゃない。男性的で現代的な演技を極めたい。

この若き日の言葉を彼は忘れてしまったのだろうか。

夏のポワティエの取材の時には「五輪では、ジャッジに対しても観客に対しても、自分のスタイルを変えてみせるのはとても重要なことなのです」と語り、「ジャッジはゆっくりした音楽の方が好きですからね。トランジションやスケーティングの技術を見せるにはゆっくりとした音楽を使ったほうがいいのです」と語っていた。

クリスマスの時期に再びポワティエで取材をした時には「グラディエーター」があまりにも力強過ぎて単純過ぎ、それが自分の個性だからいいのだが、「トップになるには良いプログラムだとは思えなかった」と語り、きちんと技と技のつなぎであるトランジションもできるところや、ゆっくりとした曲を滑るところも見せたいと語った。ジュベールが最後の勝負に「アランフェス協奏曲」を持ってきたのは戦う者としての最後の賭けであったのかもしれない。それはかつてチャンが四回転以外の部分も「もっと上達の余地がある」と批判したことに対する答えであったようにも思える。

二〇〇九年の世界選手権でふたつ跳ぶ予定だった四回転をひとつにとどめた選択も、最後の舞台で新しい自分の側面を見せる選択を下したのも勝つためになされたものだった。カード・ゲームでさえ負けることを嫌うジュベールらしい勝負師としての強い男の顔である。だが、武器であるはずの四回転ジャンプや現代的で男らしいスケーティングを放擲する裏にはどこかで自分を信じきれない繊細で傷つきやすい純粋な顔も垣間見える。その両方を併せ持っているのがブライアン・ジュベールなのかもしれない。アーサー王のもとに集まる円卓の騎士たちが使命をもって探す聖杯。その近くまでたどり着いたラーンスロットはグヴィネヴィアとの姦淫の罪を犯したために、最後の晩餐でイエスが手にした聖なる杯に触れることができない。最後の最後で自分を貫き通すことのできなかったジュベールに神はどのような判定を下したのだろう。

騎士の涙

ソチ五輪のひと月半後、東京で開催された世界選手権にジュベールの姿はなかった。試合の帰りにたまたまメディア専用のバスでフランスのジャッジと一緒になった。同席していたアメリカのジャーナリストがジュベールについて尋ねると、そのジャッジは呆れたように両の手を顔の横まで上げて振りながら、「彼は、最後はクレイジーだった。しょっちゅうコーチを変えたり、プログラムを変えたり。完全に迷走していたよね」と失笑した。

二〇一四年、ハンガリーのブダペストで開催されたヨーロッパ選手権で取材した時には長年出場し続けた大会も最後になるが、ノスタルジーはないかと聞かれ、「ありません。もう僕は未来を見ていますから」とそっけないほどに淡々と答えていたジュベール。その彼がソチ五輪の後に涙をはらはらと流し、男泣きをした。こんなジュベールを見たのは初めてだった。フランスのテレビの取材に応じて涙ながらに、スケート人生で最高の瞬間は、憧れのヤグディンと一緒に表彰台に立った時のことだと答えていた。

それは二〇〇二年にスイスのローザンヌで開催されたヨーロッパ選手権でのこと。金メダリストのアレクセイ・ヤグディンと並び、銅メダルを手に微笑んだ十七歳のジュベールがいた。同時に五輪出場権を得てスケーターとして華々しいスタートを切った。その日から十二年という月日が経過していた。十二年前その試合で四位に甘んじたステファン・ランビエルはその四年後のトリノ五輪で銀メダリストとなった。ジュベールは同世代のスケーターの中でいち早く頭角を現したが、それゆえの苦悩もあったはずだ。むしろ競技生活の後半は辛いことの方が多かったかもしれない。

取材で、若手が台頭してきている中で五輪という舞台で戦うことをどう思っているのか尋ねると、次のような答えが返ってきた。

ひとりぼっちのような気がします……氷上には若手のスケーターたちしかいないからです。彼らは良いスケーターですし、技術的にも芸術的にも、競い合うには手ごわい相手です。それでも尚、僕には彼らより多くの経験があるし、良いプログラムで上手く演技をすれば、まだ彼らに対抗することは可能だと思っています。僕は最後まで戦うつもりです。でも、五輪で戦ったら、その後はやめなければならない。今はそう感じています。

同世代のスケーターが姿を消していく中で競技生活を続けたジュベールのことを二歳年下のトマシュ・ヴェルネルは「僕もブライアンと同じくらい強くなれたらいいのにと思う時もある。彼は抜群に強い競技者だよ。自分を追い込んで突き進み、戦う」と語り、ジュニア時代から多くの大会を戦い抜いてきたランビエルも賛辞を惜しまない。

ブライアンは強靭な人だけど、それは肉体的に強いということだけではなくて、健康面でもそうだし、気持ちの強さもそう。ぼくが本当に尊敬しているのは、現役のキャリアの最初から最後まで、ブレずに集中しつづけていたことなんだ。どんなに障害があっても、いつだって戦う意志があって、それだけの強さがあった。あんなに長いキャリアを築き上げたこと、その長い期間にずっと肉体的にも精神的にも強くありつづけたことを、心からすごいと思っている。フィギュアスケート界のお手本だよ。

孤独と闘いながらも休むことなく氷上に立ち続けたジュベール。現役最後の試合となったソチ五輪では、二十九歳の肉体から代名詞の四回転ジャンプをショートで一回、フリーで二回繰り出してみせた。それでも五輪の女神は振り向こうとはしなかった。まるでつれなき美女のように……。しかし、彼がどれだけの時間、自分と闘いつつ、艱難を超えてこの舞台に立ったのか。本番に弱いとか、正攻法を間違えたという声も聞こえるが、誰に彼とスケートとの濃密でひそやかな時間を知ることができるだろう。

現在、未来へのメッセージ

羽生結弦が初めて世界選手権の表彰台に立ったのはフランス、ニースでの大会であった。二〇一二年のことである。自国開催の大会でフランス国民の期待を背負ったジュベールはミスのない演技で会場から拍手喝采を受けた。しかし、五年間乗り続けてきた表彰台には手が届かず、四位になった。この時が三位の羽生に代表される若手スケーターとの世代交代の瞬間だったかもしれない。それでも、彼は心に残る試合のひとつとしてこの戦いを挙げた。それはこの試合に出場した選手のレベルが高かったからだと語る。現在活躍する選手たちと闘った経験もあるジュベールは四回転を盛んに跳ぶ彼らを高く評価する。「四回転論争」については間違っていると批判されることもあったというジュベールだが、新たな世代が自分のしたことは正しかったのだと証明してくれていると満足そうに微笑む。十年近く経ったいまも彼の中で「四回転論争」は続いているのかもしれない。

だが、二〇一六年、クリスマスのアイスショーのために来日したジュベールに話を聞いた時には、自分たちの世代との相違について次のようにも語った。

ジョニー、ステファン、エフゲニー、ダイスケ、僕はみんな個性がありました。ネイサン・チェン、ボーヤン・ジンたちは四回転をたくさん飛ぶし、難しいこともこなします。スケーティングもうまいけれど、マシーンみたいでエモーショナルな部分を感じません。やらなければならない要素が多過ぎて音楽を十分に表現する余裕がないのでしょう。

芸術性と技術のバランスは常にフィギュアスケーターにとっての課題である。四回転ジャンプ存続に満足するのも束の間、今度は自己を表現することがおろそかになっていることを歯に衣《きぬ》着せずに指摘する。その真っ直さは現役の頃と変わらない。だが、技術的な向上をはかりながら、表現もできる、そんな選手が次世代には出てくるだろうとフィギュアの未来に期待を寄せてもいる。これまでの様々な経験を継承し、フランスがトップに上がれるように尽力したいと語るその瞳は、相変わらず真率で穏やかだった。

原始的な雄の躍動感

騎士のようにスケートに身を窶《やつ》し、ひたむきにその人生を捧げてきたジュベール。その純粋さ、ひたむきさは彼の凛々しい顔立ちや男性らしいダイナミックな滑りに合って清廉な美しさを放っている。ジュベール自身は気がついてはいないと思うが、バタフライのような男子特有の技を決めている時の力強さ、スピンをこれでもかというくらい力の限り高速で繰り返すその肉体からは、弾けるような精力が発せられている。

観ている私たちは原始的な雄《おす》そのものの魅力に呪縛されそうになる。決して観客に特別なアピールをしているわけではないのに、彼のスケートへの真摯な打ち込みが、その情熱が、彼の肉体を通じて表現され、観ている者の心を熱く溶解させるのだ。特に二〇〇八―二〇〇九年シーズンから二シーズン続けて滑ったショートプログラムで、しばしばショーでも披露される「ライズ」や二〇〇五―二〇〇六年シーズンのフリープログラム「ロード・オブ・ザ・ダンス」などのテンポの速い音楽の時に彼の現代的で男らしい個性が光を放つ。さらには、プルシェンコが企画・演出したアイスショー「スノー・キング」（二〇一四年・二〇一五年）。『雪の女王』から着想を得たこの氷上の物語ショーでシャーマンを演じたジュベールが見事な上半身を曝け出し、原始的な打楽器のリズムに合わせて重量感と力強さのあるステップで氷上を旋回していく姿も野性と品格が溢れ、むせかえるようであった。

かつてジュベールは四回転を跳んでいる時、「特別な感覚を味わっています。空中でまるで雲の上にいるような感じがするんです。だから四回転ジャンプが大好きなんです」と語った。バイクをハイスピードで走らせるのもジャンプと同じ快感があるから好きなのだと。彼は愛するスケートとともにエクスタシーに到達する一瞬へと飛翔するのだ。彼の筋肉で固められた重量感のある肉体が一瞬氷上を離れ、宙に高く雄々しく舞う時、スピーディーに氷の上を滑って行く時、私たちも彼の感じている爽快な光に満ちた風と恍惚感をともにすることができる。

その彼が、引退してから一番変わったことは、芸術的にもっと自由に感じるようになった点だという。選手時代には四回転ジャンプが大事だったが、いまはその逆でその場の雰囲気や音楽から得るものを表現するようになり、心の内側から感じることを氷の上で表現するようになったという。試合に向けて自分自身を追い込んでいた選手時代には封印していたものを表現できる自由を得たいま、その演技にも変化が見えている。

たしかに、二〇一五年に日本のアイスショーで演じたプログラム、愛し合う男女がふたりの愛の旅立ちを思い描く「タイム・トゥー・セイ・グッバイ」。しっとりとしたロマンティックな曲を情感豊かに滑る姿には、選手時代の硬質さはなかった。むしろ、空気を抱くように柔らかな角の取れた円熟味溢れる演技に惹き込まれるほどだった。五輪後にダンサーのカトリナ・パチェットと出演したダンス番組「Danse avec les stars」でタンゴなどのラテンダンスを踊った経験なども役に立っているのだろう。

現役時代には恋人よりもスケートを優先してきたというジュベールは「家庭を持つようになったら気持ちも変わるだろうし、氷への接し方も変わってくると思う」と語る。話を聞いた二〇一六年十二月だけでも二十六回スケートショーに出演するほど多忙な日々。その後、二〇一七年三月に地元ポワティエのリンクで自身のスケート学校BJPG（Brian Joubert Poitiers Glace）を設立。「まるで僕の赤ちゃんのよう」とその誕生を手放しで喜ぶジュベールは、生まれたてのこのスケート教室で現在、若い頃から夢見ていたコーチとして氷の上に立っている。二〇一七年十二月、メールでの取材で「二、三年はアイスショーに出るけれど、その後は百パーセントコーチに徹したい。ずっと氷の上にとどまっていたいんだ」と綴ったジュベール。五輪の表彰台への夢は破れたが、愛するスケートとともに毎日を過ごすという夢は叶いつつあるようだ。フィギュアスケートと彼の蜜月はまだまだ続きそうだ。

ジュベールの新たな一面を見るにはスケートに対する全身全霊の恋の呪縛から完全に解き放たれる時を待つほかないのかもしれない。純粋で繊細な心を内に秘め、少し憂いを帯びた優しい瞳の騎士が一途に女性を愛した時、どんな滑りが見られるのだろうか。

彷徨える青春、ランボー

トマシュ・ヴェルネル

Tomáš VERNER

夏の青い宵《よい》に　僕は行くだろう、小径《こみち》をとおり、
麦の穂につつかれ、こまかな草を踏もうと、
夢想家の僕は、草の夕べの冷気を足に感じ、
風にあらわな顔をまかせたまま。

僕は話すまい、何も考えまい、
しかし無限の愛が魂にこみあげてくるだろう、
そして僕は行こう、遥かに遠く、ボヘミアン*のように、
自然の中を　女の人と一緒のように幸せに。

（アルチュール・ランボー、饗庭孝男訳「感覚」より）

＊饗庭氏の訳では「ジプシー」となっているが、本文の内容に即し、ランボーの原文"bohémien"（ボヘミアン）に改変させていただいた。

モルダウの眺め

初めてチェコに訪れて驚いたのは、西欧とは異なった、どこか荒《すさ》び、さびれた東欧社会に独特の歪みのようなものを残しながらも、歴史の波に洗われてきた古都ゆえの陰鬱な重厚さが町じゅうから滲み出ていることだった。ここが本当にあのトマシュ・ヴェルネルの故国なのだろうか？

カレル橋から見た川向こうのプラハ城は何と美しいことか。まさにチェコの生んだ音楽家スメタナの名曲「モルダウ」から想起される光景だ。まだ雪が残る石畳の橋を転ばぬように向こう岸へと歩を進めて行く。ふと横を見れば橋の両側の石の欄干に設えられた台座に聖人の彫像がそびえ立っている。聖人像の下には、跪いて額を地面にこすりつけて物乞いをする男性。その隣りでお伴の大きな犬がコインを入れる皿を前に健気にも氷のように冷たい橋の上に寝そべって目だけこちらに向けている。殉教後、このモルダウ川に遺体を投げ捨てられたというボヘミアの守護聖人聖ヤン・ネポムツキーなど東欧ならではの像もある。さらに進んでいくと聖人像の中でもひと際多くの人が見上げている像があった。近づいてみると、聖人ではなく磔刑に処されたイエス像である。

太陽が沈む前の一瞬、黄金色の残光が最後の力をふりしぼるかのように十字架の上部に輝く金色の飾りに反射して時の重みで黒ずんだ橋に一筋の光を投げかける。やがて街は静寂の夕闇に包まれていく。

いつも明るいそのパフォーマンスでみんなを楽しませてくれるサービス精神に溢れたフィギュア

スケーター、トマシュ・ヴェルネル。このチェコ共和国は彼の故国だ。初めて彼を見たのは、十年前、二〇〇七年三月に東京で開催された世界選手権の舞台だった。表彰台は逃したものの四位となり、エキシビション「ピンクパンサー」で一躍人気者となった時の演技は印象深い。

紫がかったピンクの照明の中に現れたヴェルネルは黒のハットに黒のパンツとシャツといった出で立ちにフューシャピンクの蝶ネクタイ。同じピンクの手袋を片手にはめて誰もが知っているあの「ピンクパンサー」の怪しげなメロディに合わせ、抜き足差し足風に演技をした。しかし、後半で曲が転調すると、いきなりハットを放り投げ、日の丸の鉢巻きをおもむろに取り出して額に巻きつけ、リンクサイドに走り寄ってフェンスに飛びついたかと思うと、激しく大きな身振りのパフォーマンスを見せ、最後は氷に転がり込むというサービスぶり。あっという間に多くの日本人女性のファンを獲得した。

その七年後の二〇一四年三月、やはり東京で開催された世界選手権でも同じように、エキシビションで「セックス・アンド・アイ・ノウ・イット」を滑って会場を盛り上げてくれた。観客に笑いをふりまきながら、黒い巻き毛のカツラをかぶり、ピンクの縁のメガネをかけ、フューシャピンクのタンクトップと下は金色のパンツ一枚で氷上をコミカルなポーズをとりながら疾走する。いかにも彼らしいサービス精神に溢れたその演技を、会場を埋め尽くした観客の目に最後に焼きつけて、二十七歳のヴェルネルは競技生活に幕を下ろした。

しばらくカレル橋を歩きながら、ふと二〇一二年にグランプリシリーズフランス大会で彼を初めて取材した時の情景が浮かんだ。そのシーズンのショートプログラム「ドラキュラ」はシリアスなプログラムだった。ヴェルネルと言えば、楽しいプログラムというイメージが強かった私にはこの暗い曲調が「しっくりくる」と話す本人の感想が意外で、その理由を聞き出さずにはいられなかった。夏と異なり遊覧船も少ない冬のモルダウの川面を眺めながら、ヴェルネルが笑顔で答えてくれた言葉が急に蘇った。

今は、こうして笑ってニコニコしているし、僕は基本的には冗談を言ったり、人を楽しませるのが好きだけれど、僕の内面には暗い部分があって（プログラムを通して）その暗い部分に触れたいと考えているんだ。

そうだ。その言葉は苦難の歴史を刻んできたこの目の前に広がる古都の風景と重なる。八位で終わった試合の翌日にもかかわらず、終始口元に笑みを浮かべて冗談を交えながら流暢な英語でひとつの質問に対して言葉を尽くして答えてくれるヴェルネル。彼のどこに暗い感情が潜んでいるのか、目の前の彼が彼でないような不思議な気持ちになった。チェコの町で冷たい外気に触れながら感じる違和感はあの時と同じものだった。

浮き沈みの激しい競技生活

フィギュアスケーターというよりは水泳の選手と言われても通じそうな一八〇センチの長身、幅広く厚みのある胸から驚くほど引き締まった腰まで続く美しい逆三角形の上半身に長い脚。まさに均整のとれた肉体である。栗色の前髪がまっすぐにかかっているその少し骨ばった個性的な顔立ちにはいつも剽軽な笑顔が浮かんでいて多くの人に親近感を抱かせる。そんな彼だから本国ではその名を知られている。雑誌の表紙やグラビアを飾り、テレビにもよく出演し、ヨーロッパのフィギュアスケートファンの中でも人気が高い。

戦歴を振り返ると、三度の五輪出場を果たし、十五歳でチェコ国内チャンピオンに輝き、その後、六度も表彰台の中央に立った。しかしながら、ヨーロッパ選手権では一位になったことがあるが、世界選手権では四位が最高で世界的な大会でメダルを手にしたことはない。アイスショーに呼ばれるスケーターは五輪のタイトルか世界タイトルの持ち主、あるいはメダリストが多いが、ヴェルネルは無冠であるにもかかわらず、あちらこちらのショーで見かける。日本のアイスショーにもよく出演し、プルシェンコ率いるアイスショー「キングズ・オン・アイス」の常連であり、同じくプルシェンコが手がけた氷上の物語ショー『スノー・キング』では二シーズン連続で出演した。それも観客を沸かせてくれる彼の演技と、同世代のスケーターが口を揃えて「いいヤツ」と言い、本人も

「山のように友達がいる」と語る通り、気さくでオープンで人を楽しませてくれる人柄ゆえなのであろう。

ソチ五輪後に東京で開催された世界選手権がヴェルネルの現役最後の試合となった。その時の取材で、彼は自己の競技生活を次のように振り返った。

昨日チェコのテレビで話した時、皆が言ったんだ。この世界選手権は僕の競技生活を反映しているって。ショートは良かったけれど、フリーでは大きく沈んだ。浮き沈みの多いキャリアだって。その通りだよ。

この時のショートプログラム「バンジョー対決」では、ベージュに大柄の茶色のチェックが入ったシルクのシャツとダークカラーのパンツという衣装で登場。曲が始まった瞬間からイタズラっぽい表情を浮かべてゆったりとしたテンポに合わせひとつひとつのポーズをしっかり見せる。冒頭の四回転、三回転アクセルなどジャンプを次々に決めいていく。ブライアン・ジュベールのように声高に四回転の主張はしなかったものの、このジャンプが敬遠されていた時期にもプログラムに入れ続けたヴェルネル。その長身が映える迫力のある、それでいて端正なジャンプは見応え充分であった。様々なポジションのスピンも回転が速く、その長い脚が組み換えられるだけで氷映えする。途中、曲調がバンジョーの鳴り響く軽快でアップテンポなものに変わると、なめらかなスケーティングで銀盤を縦横無尽に猛スピードで滑りながら、足を高く上げたり、投げ縄や荒馬やら西部劇のパフォーマンスが披露される。あっという間の二分五十秒だ。まるでひとつの愉快な西部劇を見終わった後のような楽しい気持ちが残る。羽生結弦、町田樹、ハビエル・フェルナンデスと若手の選手が上位を占めたこの大会でベテランのヴェルネルがこれだけのパフォーマンスを見せたことに会場は盛り上がり、大喝采が起こった。

演技後、ヴェルネルは会心の演技に驚いたように口を大きく開けて観客を見渡すと、後ろ向きに氷に倒れてその喜びを全身で表現した。その後はまるで初出場の選手のように両腕を振り上げて飛び上がり、リンクサイドを回り観客に手を振り、頭を下げながら、氷をあとにした。その退場までの身振りもひとつのパフォーマンスのように見ている者を楽しませてくれる。結果はショート単独では四位。スコアではなんと現役最後の試合にもかかわらず、これまでのスケート人生で自己最高の八九・〇八点が飛び出した。

実は、前年カナダのロンドンで開催された世界選手権では総合二十一位と大きく沈んだヴェルネル。日本で開催された世界選手権を放映した英国のテレビの解説者は「ここ五年間で一番いい演技をいきなり見せてきました」と興奮気味に語った。特に二〇一〇年に練習拠点をカナダに移してから後半の二シーズンはあまり成績が振るわなかった。ドイツに拠点を戻し、以前師事していたドイツのミヒャエル・フースコーチの指導のもと現役最後のシーズンを過ごした成果が現れた演技であった。五輪でもこのショートプログラムは評価が高かったが、最後の舞台では本当に久しぶりに彼本来の実力が発揮された演技を見た思いだった。

ところが、本人が言うように、フリープログラムではミスが出て十五位に落ち込んだ。結果として総合十位となり、順位では前年を大きく上回った。だが、フリーを完璧に仕上げていれば、最後の最後で初の世界的なメダル獲得も夢ではなかった状況がフリーの演技で一転、完全に吹き消えてしまったのである。

ぐんぐんと実力を伸ばしてきている若手に肩を並べたかと思えば、いきなり自滅してしまう——この試合が彼のキャリアそのものである。本人はなぜフリーで大きく崩れたのか「原因はわからない」と首をひねる。だが、その一方で「氷上では最高の試合をするために笑顔で戦っていても、試合はいつも僕にとっては少しストレスだった。ショーで滑るほうがずっと楽しめたよ」とも話す。試合とは思えないほど観客にアピールするあの演技とは裏腹のプレッシャー。それが彼のスケート人生に大きな影を投げていたことは疑いない。

しかし、その「影」の中に、技術や点数化される評価とは異なるまた別の次元のフィギュアスケートの魅力の深さがあるのではないか。モルダウ川の夕闇に現れるイエスの磔刑像の光にも似た……。

スコアよりも大切なこと

「毎日の練習が自信の源になる」。アスリートがよく口にする言葉である。トップレベルの選手であれば誰もが常人には想像もつかないような練習量をこなしているものである。選手時代のヴェルネルも例外ではなかっただろう。だが、彼ほどのスケーターが本番でコンスタントに実力を発揮できなかったのは、自分の実力に見合うほどスケートに打ち込めない本人なりの事情があったにちがいない。

僕もブライアン（・ジュベール）と同じくらい強くなれたらいいのにと思う時もある。彼は抜群に強い競技者だよ。自分を追い込んで突き進み、戦う。僕は感情的な人間で、滑っていてすごく幸せな時もあれば、氷上に行きたくない時もある。そういうことが起こると浮き沈みが激しくなる。

低迷期にあったヴェルネルは自信を取り戻し、落ち着いてスケートに集中するためにメンタル・コーチを雇った。そのことがショートプログラムでは功を奏したが、フリープログラムではうまく作用しなかった。

だが、しかしながら、彼はＩＳＵ（国際スケート連盟）に登録されたプロフィールに本業を学生と記載していた通り、二〇一〇年にはヨーロッパで最古の大学といわれる名門カレル大学のスポーツ科学部を卒業している。海外では学業とスポーツの両立が難しいため、途中で大学を辞めてスケートに専念するか、あるいは途中でスケートを辞めて学業に専念する選手が多い。そうした中でヴェルネルは見事に学業とスポーツを両立させたのである。

また、二〇一二年のフランス大会の取材で、カナダで練習している時の様子を聞くと、火曜日は映画を観る日と決めていて、本もいろいろ読むと話していた。いつも恋の噂が絶えない彼だが、カナダで練習している時にはアメリカで練習するフランスのアイスダンサー、ナタリー・ペシャラが週末に遊びに来て愛を育んでいるのだと語っていた。愛車の手入れにも念を入れ、ドライブを楽しむ大の車好きでもある。ドイツで練習していた時はチェコの大学と練習拠点との長距離を車で約五時間かけて通っていたという。

リンクに好きな女の子がいたから――ヴェルネルがスケートを始めたきっかけは、姉や近所のお姉さんの影響でフィギュアスケートに触れた多くの男子スケーターたちとは異なっている。女の子への思慕はすぐにスケート自体の楽しさに変わっていったものの、それでもサッカーやバレーボールなどの団体スポーツも好きで、十三歳で国際スケート連盟のジュニアグランプリに出場した時でさえフィギュアスケートにのめり込んでいたわけではなかった。当時の彼はフィギュアスケート愛好家なら誰でも知っていたロシアのアレクセイ・ヤグディンやエフゲニー・プルシェンコの名前さえ知らず、ただの楽しい趣味としてスケートの試合に出場していただけだったのだ。「三つ子の魂百まで」というが、子どもの頃からヴェルネルの姿勢は変わらない。

スケートだけをやっているのは好きじゃない。ひとつのことだけをしていると、集中できなくて逃げ出したくなる。スケートは大事だけど、僕の全てではない。一部なんだ。大学でがんばって氷上でもがんばる。そういうやり方が僕には合っている。

ひとつの質問を投げかける。すると、自分の考えを細やかに話してくれるヴェルネル。母国語のチェコ語以外にドイツ語と英語が堪能だという彼は、現場で通訳をしたり、外国人選手にインタビューをしたりもする。二〇一七年一月にチェコのオストラヴァで開催されたヨーロッパ選手権では自国開催の大会ということもあり、ヴェルネルが大使を務めた。最終日に行われたエキシビションでは、優勝したハビエル・フェルナンデスが怪我で演技を披露できず、氷上で挨拶をするという一幕があった。

その時、ヴェルネルが会場の大部分を占めるチェコ人たちのためにフェルナンデスの話す英語をチェコ語に通訳した。終了後に五歳年下のフェルナンデスに向かって跪いて腕を彼に向かって広げ、大会五連覇を達成したヨーロッパ・チャンピオンを讃えた。滑ることのできないフェルナンデスの隣に立ち、その感謝の気持ちを観客に通訳する姿は思いやり深く、友愛に満ちていて、「一刻も早く身体が回復しますように。ありがとう」というヴェルネルの言葉に会場から温かい拍手が起こった。その英語力を生かしてモナコのグレース王妃の孫にあたるスケーターにも英語でインタビューをしたこともある。頭の回転が速く、人のいい彼はどの業界でも通用するにちがいない。

実際、二〇一七年三月の世界選手権に仕事で来ていた彼にこの本の執筆のために話ができないか尋ねると、喜んで引き受けてくれ、すぐさまその場で予定を組んでくれた。男子フリーの上位三人を囲んでの記者会見終了後ということに決まったのだが、何と終わるまでのかなり長い時間壁際に立って待ってくれていたのには恐縮した。お詫びを言うと、「気にしないで。僕には時間があるんだから」と笑顔で答えてくれた。話していると、膝の手術を受けるかもしれないというのでよけいに申し訳ない気持ちになった。「膝がそんなことになっているなんて知りませんでした」と言うと、「誰も知らないことだから気にしないで」と逆にこちらを気遣ってくれた。

ヨーロッパ選手権の大使を務めたことについては、初めての経験だったけれど観客やファンのために新鮮な気持ちで取り組み、会場に足を運んでもらえるようにテレビなどのメディアでフィギュアスケートをよく知らない人のために演技中には伝わらないスケーターの個性を伝えたり、スケートに関する質問に答えたと言う。きっと持ち前のコミュニケーション能力を発揮して多くの人々の絆を結んだことだろう。その甲斐あってかその年のヨーロッパ選手権の観戦チケットは完売であった。日本では珍しいことではないが、ヨーロッパや北米でチケットが完売したという話は滅多に聞かない。

エキシビションではトマシュ・ヴェルネルと三人のスケーターがひとつになってノリのいいパフォーマンスを見せてくれた。いま思えばたしかにジャンプはほとんど飛ばなかったのだが、スピンもスケーティングも普通にこなしていたので故障があるなどとは考えもしなかった。本当はひとりで滑ってくれと言われたけれど、膝の調子が悪いため四人で行うことにしたのだという。ただここでも故障のことは誰にも明かされなかったようだ。氷上では過剰と紙一重のアピールをするヴェルネル。オフアイスでも自分の意見は臆することなく明確に表明するが、決して自分を誇示するようなタイプではなく、まず周りに細やかな心配りをする好青年である。

素晴らしい技術や表現力を有する彼がもっと自分を試合に追い込んでいたら、おそらく表彰台にも手が届いたかもしれない。しかし、彼はスケートにストイックに専念するにはやりたいことが多過ぎ、それらをスケートの傍らでこなせてしまう頭脳とフットワークの軽さがある。そして何よりも人への愛情が大き過ぎる。あちらこちらに気が回れば、練習に集中ができなくなるのは当然である。だから、彼の試合での演技はスコアや世界タイトルという形で残ることはなかったのかもしれない。それでも人懐こさや類まれなサービス精神という彼の人間性は、スコアを超えて人の心をつかむのだろう。そもそも彼がスケートに求めているものは勝利でもなければスコアでもないのだ。その意味では彼のスケート観はかなり個性的である。

（試合は）誰がちょっとうまくできたか、できなかったかというだけのことさ。でも、僕が思うに、人は自分たちがじっと見ていたい、そう思わせてくれるものを見たいんだ。（中略）そのスケーターがどういう人なのか、そこのところを見たいんだ。

取材をした二〇一七年三月末の時点でヴェルネルはアシスタントコーチとしてスケーターを指導しており、二〇一八年から始動するチェコスポーツアカデミーの準備に多忙を極める毎日を送っていた。チェコフィギュアスケート活性化のために、必要な財源を政府から確保する方法を学ぼうと通い始めた大学院を、二〇一六年に修了し、経営学修士（ＭＢＡ）も取得したという。今後は大好きなフィギュアスケートのサポート側に回りたいと話す彼は、現役を退いてから三年の間で新たなスケートへの取組みを着々と進めていた。だが、観客のために演技をすることが一番大切だという信念に揺るぎはない。「観客のいないからっぽのリンクで演技するのはすごく大変だ」、「スケートはショーなんだ。観客はスケートの一部であって、ファンがいなければ僕らは死んだも同然なんだ」と語るその言葉は、選手時代に話してくれた次に引用する考えと少しも変わっていない。

僕はただ氷上で得点を得るために感情なしの冷たい演技をしたいとは思わない。そんなことは絶対にしない。なぜなら、僕は自分のファンを大事に思っているからなんだ。僕はその人たちのために氷の上にいるんだ。

氷上の芸術にこそフィギュアスケートの醍醐味がある。フィギュアスケートという表現は、その芸術を受けとめる観客との共振によって成り立つ。

二〇一四年の世界選手権が行われたさいたまスーパーアリーナでヴェルネルが見せた前年までの不調が嘘のような絶好調の演技は日本のファンへの贈り物だったような気がしてならない。実際、ヴェルネルは多くのベテラン選手がそうであったように、二月のソチ五輪が終了した時点で引退を表明していた。しかし、大好きな日本でスケート人生を終えたいというただその気持ちゆえに引退を撤回し、世界選手権という戦いの場に戻ってきたのだ。二〇〇二年に初来日して以来、日本のファンに対する感謝の気持ちを口にしていたヴェルネルは、自身の最後の舞台でいつも声援を送ってくれる大事な日本のファンへの感謝とお別れの気持ちを彼らしいとびっきり明るいパフォーマンスで伝えてくれたのではないか。まさに結果を求めたのではなく、結果がついてきた――彼の気持ちが最高に高まったからこそ、それまでの自己最高得点を超えることができたのだろう。

十二歳のボヘミアン

十二歳の時のことである。フィギュアスケートに開眼したヴェルネルは親元を離れ、コーチと一緒に世界を転々として回った。父親は医師、母親はビジネスウーマンで、兄は医師、妹は医学を志しているというエリート一家で育ったことを考えれば、ヴェルネルが「おばかさんにはなりたくない」と、名門カレル大学に入学し、卒業のために力を注いだのも自然なことかもしれない。両親は学校に戻った時に成績がよければ構わないという考えで息子の意思を尊重した。ヴェルネルはほぼ独学に近い状態で毎学期試験をクリアして旅の生活を送り続けた。ヴェルネル特有の規範に捉われない独自の物の見方はこの自由で特異な放浪生活で育まれたものではないだろうか。

少年トマシュはどのような気持ちで故郷である南ボヘミア地区ピーセクを旅立ったのだろう。それは夏。漆黒の闇にはまだ遠いオレンジ色と紫色の光を滲ませた夕闇が去って間もない明るさを残した青い空。麦畑の中の小径を少年は進む。足元に夜の冷気を感じ、夏の夜風が頬に吹いてくるが、これから少年の行く手に広がっている新しい世界への希望が少年の足取りを軽快にし、その頬は薔薇色に上気していたにちがいない。何も語らず、考えず、ただ心の中に湧き起こる愛だけを抱いて栗色の髪の少年は幸福な気持ちで前を見ていた。

十二歳でヴェルネルが家族と離れ、旅に出たという話を聞いた時、その姿はこの章のエピグラフとして掲げた十九世紀フランスの詩人アルチュール・ランボーの「感覚」という詩の夏の夜の少年の旅立ちの光景とひとつになった。十六歳でフランス詩歌という空に突如として現れ、閃光《せんこう》を放ちながら瞬く間に姿を消す彗星のごとく二十歳で詩の世界から永遠の別れを告げた天才詩人ランボーは、十六歳の時に故郷シャルルヴィルを二度にわたって出奔した。海を見たこともないのに、雑誌にあった海の挿絵からインスピレーションを受けて詩集『酔いどれ船《ル・バトー・イーヴル》』を書いたのもこの頃である。

音と視覚、色と香りという様々な感覚、抽象的なものと物質的なものとが混沌とした錯乱状態を意識的に起こし、幻視的な世界を構築するその手法は、この「感覚」という詩にも表れており、青い空という視覚、冷気や風や麦のちくちくとした触覚など自然との接触から未知の世界へと旅立つ時のみずみずしい感覚という、目に見えぬひとつの真実の世界を視覚化して伝えている。フィギュアスケートもまた多様な感覚を身体で視覚化して伝える身体芸術であることを考えると、ヴェルネルとランボーとが二重写しになるのはあながち偶然とは言えないのかもしれない。

みずみずしく爽やかな夏の夜の旅立ち以来、ヴェルネルの中で彷徨《さまよ》える青春の旅はずっと続いているように見える。お互いに五輪に専念するため、長く交際していたナタリー・ペシャラと別々の道を歩むことになったヴェルネル。二〇一二年十一月のフランス大会で取材した時には「結婚の予定ならあるよ。……彼女は僕にとって唯一の女性だし、僕も彼女にとって唯一の男性でありたい。そう、だから、ゆくゆくは彼女と結婚して、ふたりの子どもがほしい」と、自然に笑みがこみあげてくる口元から甘い声でペシャラへの想いを告白した。だが、一年以上が経過した二〇一四年の世界選手権の取材では、一転してヨーロッパ選手権を棄権して五輪に焦点を絞ったペシャラの考えが理解できないと彼女に対して批判的であった。スケートに関する考え方の相違という小さな綻《ほころ》びが、やがて人生観の相違へと発展し、破綻へとつながったのだろうか。

二〇一七年三月に話を聞いた時、ヴェルネルはアイスリンクに近い小さなアパートでひとりで暮らしていると語っていた。少年時代に家族と離れて旅には出たが、兄と妹と一緒に写った写真をスマートフォンで見せながら紹介してくれる姿からは、兄妹仲がよいことが伝わってきた。さらに、兄の息子だという画面いっぱいの甥っ子の写真を眺めながら、「家庭はほしいけれど、トランクひとつであちこち飛び回っているから当分は難しいんだ」と淋しそうに微笑んだ。それは彷徨する運命を背負っているかのようだった。

たしかに、彼には芸術などを志して因習にとらわれず自由気ままに生きるボヘミアンの血が流れている。そういえば、ボヘミアンにはチェコの西部の人や言葉を意味する場合もある。ヴェルネルのスケートをとらえる視点もまたボヘミアンらしい自由な発想に満ちている。

選手時代のヴェルネルはスコアにこだわるよりも自分の心を表現することの方が大切なのだと語った。

もちろん、できるだけ点はもらいたいよ。上手になりたいと思うし、トップになりたいさ。でも、自分の感情や心を無視したいとは思わない。僕はいつも自分の個性や感じていることや自分がどういう人間なのかということを（スケートに）投影していると思う。みんなが氷上で目にするのは僕がどういう人間かということなんだ。……多くのスケーターが振付をして他の誰かの作品を演じているけれど、正直言うと、見ていてすごく退屈に感じるんだ。スケーターその人ではなくて、演じられている振付を見るだけだからさ。……（感情や心を込めずにプログラムの振り付けをするために）ただ何かのふりをするだけでどうやって四分三十秒もの間、人を楽しませることができる？　ただ取り繕うだけでは人を遠くに連れ出すことはできないんだ。だから、僕は真似はしない。そう、他の何がなくても、スケーターは自分自身を表現するべきだよ。

現在は二人の教え子を持つコーチでもあるヴェルネルだが、「真・四回転時代」と言われるこの時代にあってジャンプに集中するあまり、表現の余地がなくなることを危惧し、難度の高いエレメンツと表現にかける力とをバランスよく使うことが大事なのだと語る。そして、何よりも他の誰でもない、唯一無二の「自分」を通して人を楽しませること、人の心に残る演技をすることこそがフィギュアスケートが他のスポーツとは異なる創造的で独自性のある部分なのだと強調する。

すごいジャンプを跳んだという記録はただそれだけで終わってしまう。僕はみんながフリープログラムに四回転を五回入れる必要はないと思う。アレクセイ・ヤグディンの「仮面の男」のように見ている人がプログラムに引き込まれると、その時のヤグディンの衣装、表情、音楽、キャラクターや感情を覚えているものだよ。ラジオやテレビでその音楽を聴いただけで思い出すような演技は永遠だと思うし、そうした心に残る演技を目指すべきなんだ。フィリップ・キャンデロロの「三銃士」も同じだよ。誰でもキャンデロロと言えば、あのプログラムを思い出すからね。

競技はつねに勝敗やスコアが問題になる。陸上競技にしても競泳にしてもタイムがものを言う。後からゴールにたどり着いた選手はほとんど記憶に残らない。だが、フィギュアスケートはちがう。トップレベルの場合はスコアや勝敗の及ばない部分で人の心に生涯残るものを演じることが可能なのである。そして、心に残るものとは、そのスケーターの個性に他ならない。

そのプログラムが孕む翳り

ヴェルネルの滑ったプログラムを思い返すと、楽しい印象とは裏腹に選択された曲には暗さが潜んでいるものが多いことに驚かされる。冒頭で紹介した「ドラキュラ」はもとより、二〇〇六―二〇〇七年シーズンのショートプログラムで使用したバッハの「トッカータとフーガ」も、本来は教会のパイプオルガンで演奏されるクラシックを「おバカさん」風に逆接的に演じることが楽しかったと語った。

最後のシーズンに滑ったショートプログラム「バンジョー対決」。この明るいプログラムは映画『脱出』（米、一九七二年）からの曲を使用している。ヴェルネルの愉快な演技からは想像できないが、実は、この映画はサバイバルサスペンスというジャンルの映画だ。舞台はジョージア州の山奥の間もなくダムに消える手つかずの自然のままの川。その川をカヌーで下ってみようとワイルドな冒険心に満ちたビジネスマン四人組が都会からやってくる。ところが川岸の村は廃品が山積みになってひどくうらぶれている。村人たちの服装や衛生状態は悪く、四人組のことを歓迎するどころかよそ者扱いにして冷たくあしらう。やがて四人組は二人でひとつのカヌーに乗って川下りを始めるが、村人が先を進んでいた一組を襲い、ひとりを凌辱し、もうひとりのことも嬲《なぶ》り者にする。その場面に遭遇した四人組の残りのふたりは仲間を救うために村人を殺害する。村人たちに真実を話せば、自分たちが不利になると考えた四人は死体を隠蔽し、急いでカヌーで急流を下って逃げ出すという生き残り作戦が始まる。何とも後味の悪い映画である。

「バンジョー対決」は、映画が始まってすぐの場面で流れる。村人たちの冷たい視線の中で四人組のひとりがギターを爪弾き、知的障害のある少年がバンジョーでそれを真似、だんだん互いに興奮して笑いながら速く弾くようになり、さながらバンジョーで対決しているかのように白熱した演奏になる。その音楽に四人組も村人たちも楽しそうに笑うシーンである。手に汗握る、時に目を背けたくなるような場面のあるこの作品の中で皆が心楽しい時間を共有する唯一の場面でもある。バンジョーに合わせて、茶色のチェックのシャツを着たぶっきらぼうな老人が得意げにタップを披露する。容貌はこの醜い老人とはまったく異なるが、どうやらヴェルネルの衣装や踊りはこの老人から着想を得ているらしい。この音楽はこれから繰り広げられるサバイバルの序曲のようにも感じられる。四人組の中でただひとり川で命を落としたドリューがギターを弾いていることを考えると、明るさの中にすでに不吉な予兆が見られるからである。

二〇〇六―二〇〇七年シーズンのフリープログラムは、映画『レクイエム・フォー・ドリーム』（米、二〇〇〇年）からの曲を使用した。ニューヨークに住む普通の生活を送る四人が薬物に溺れて破滅していく様を描いた、これも暗く救いのない映画である。

意外なことに選手時代のプログラムの中で「レクイエム・フォー・ドリーム」が一番好きだとヴェルネルは語った。もちろん、このプログラムが、彼が世界選手権で表彰台まであと一歩というところまで実力を発揮し、最も輝いていたシーズンに滑った作品であることが一番の理由だ。しかし、自分の内にある暗い面を引き出すプログラムとしてこの「レクイエム・フォー・ドリーム」を気に入っているという言葉は奇妙な印象を残した。何か深い闇がこのスケーターの心の奥にあるのではないか、と。

『その男ゾルバ』――ダンスに託されるもの

白地にブルーのボーダーが入ったニットに赤いスカーフを首に巻き、ブルーのパンツを履いておどけた身振りと表情で楽しませてくれた二〇〇九―二〇一〇年シーズンのショートプログラムの曲は、映画『その男ゾルバ』（英・ギリシア・米合作、一九六四年）の中で流れるギリシア民謡風の音楽である。アカデミー賞三部門に輝いたこの名作は、父親の遺産である炭鉱の再開のため主人公の英国作家バジルがギリシアのクレタ島にやってくるシーンから始まる。そこで知り合ったギリシア人が、映画『道《ラ・ストラーダ》』でザンパノを演じた名優アンソニー・クイン扮するゾルバである。バジルはゾルバを雇うことにする。知識ばかりが先に立つ理性的で理窟屋のバジル。頑強な肉体を持ち、楽天的で人の心を大切にする熱き男ゾルバ。性格も経歴も対照的なふたりは、やがてお互いを理解し、絆が深まっていく。

　だが、因習に縛られた村では文明化された国では想像もできないような事件が起こる。たとえば、ふたりが身を寄せるホテルを経営する元娼婦のマダムの死や男たちの羨望の眼差しを一身に浴びる、ギリシアの大女優イレーネ・パパス演じる美貌の未亡人の死に閉塞的な島の暗部が露呈する。

　ストーリーが展開される過程で、楽天家で何かと踊り出すゾルバが実は耐え難い辛い過去を秘めていたことが判明する。

胸が一杯になると、はじけるっきゃない。爆発だ。息子のディミトリが死んだ時、皆泣いた。俺は――立ち上がり、踊った。〝ゾルバは正気を失った〟と言われた。踊りだけが俺の悲しみを和らげてくれたんだ。初めての息子だ。三歳だった。

ゾルバのダンスは喜びを表現するだけではない。むしろ、哀しみを忘れさせてくれるものなのである。

原始的ですらあるゾルバの人生観には理性と知識では解決できぬ人間という不完全で不可解な生き物同士が共存していくために必要な「何か」がある。文明化した国で暮らし、机に向かって生きてきたバジルは、底抜けに明るい陽射しとそれゆえに陰翳の濃いギリシアの島で抉《えぐ》り出される人間の暗部、その「生」と「死」――人が生きていくことの本質的な意味をゾルバというギリシアの化身のような男を介して肌で感じ取っていく。

チェコ人であり、ボヘミアンでもあるヴェルネルが氷上で「俺は――立ち上がり、踊った」と身体で表現したとしても不思議はない。

ヴェルネルが滑るプログラムは飄々として楽しいが、どこかに哀しみ《ペーソス》がある。それは現在の安寧が多くの血と犠牲の過去から成り立つ長いヨーロッパの歴史のごとく、彼が心の内に抱えている暗い部分、人間が生来持つ不安や残酷さを包含した上で笑うこと、楽しむことで人間が救われることを知っているからではないか。

ヴェルネルは最後の最後で披露したフリーの演技で十五位となった。その瞳は落胆の色を隠さなかったが、笑顔で氷を去った。ヴェルネルが低迷していた頃、順位が低いのにキス＆クライの席で落ち込んだ顔をしないのはなぜかと、いま思い返せばずいぶんと失礼な質問を投げかけたことがある。ヴェルネルは嫌な顔ひとつせず、「僕を見ている若いスケーターや小さな子供たちに教えたいんだ。ひどい演技をした後で、すっかり落ち込んで泣き始めたら、もしも歩いて行ってしまって得点を見なかったら、みんなはとても動揺するだろうって」と答えた。ヴェルネルは何も考えない楽天家ではない。本当は泣きたくても、まず人の気持ちを優先するのだ。

三回転んでも、立ち上がって、プログラムを終了して笑顔でいなくちゃならない。良い態度で終わることは見ている人には何か大切なものを与えてくれるはずだよ。僕らは観客を大切にしないと。観客に感謝して最高のところを見せなくちゃ。

そう語るヴェルネルが現役生活を締めくくるフリープログラムの後、失意の中で見せてくれた笑顔は自分の感情の露出ではなく、観客やスケートを愛する人たち、これからスケートの未来を支える子どもたちのことを考えてこその思いやりの笑顔なのである。
「負けることや諦めることに慣れてはいけない。地面に叩きつけられることだってある。誰にでも起きることさ。大事なのはどうやってそれに対処していくのかだよ。スケートの後も人生は続く。立ち上がって歩き続けないとね」というヴェルネルの言葉は、ゾルバの人生観に共通する。
ヴェルネルは氷上で得点を計算するだけの「無表情に面白味のない音楽でただ難しいエレメンツを見せるだけの氷上の体操のようなスケーター」に対して批判の言葉を辞さない。たとえば、二〇一〇年バンクーバー五輪で優勝した米国代表のエヴァン・ライサチェクのことを次のように評している。

エヴァン・ライサチェクは尊敬していない。エヴァンが優勝したのは、彼が優れたチャンピオンで素晴らしいアスリートだからと言われているけれど、何よりも彼は新しい採点方式でどうやったら勝てるかということを冷静に計算したに過ぎない。それはアレクセイ・ヤグディンたちのスケートに見られるような真の演技ではなかった。ヤグディンたちは本物の演技者だったよ。

これらの言葉は、ライサチェクの個人攻撃では決してなく、スケートに競技としての結果だけを求めるのか、芸術として観客の心に届く演技を求めるのかというフィギュアスケートから切り離せない永遠のテーマなのだ。それを提起する一例としてライサチェクやヤグディンの名前を出したに過ぎない。観客を無視した冷たい演技に対するヴェルネルの言葉は、ゾルバがバジルに向かって「(あんたは) 何が正しく何が間違いかは言えても、心や体で話すことを知らん。あんたの手も足も胸も何も表現しない、そんな人に何がわかるものか」と激高する言葉と重なる。

氷上からの応答

言葉を媒介にせず「心や体で話す」。このゾルバの言葉は、まさに身体表現のことを指す。フィギュアスケートはスケーターの心が曲から感じた様々な感覚を、身体によって表現し、観客に届ける——まさに身体表現を通してのスケーターと観客との交感なのである。それは、まさしくランボーが様々な感覚を言葉を媒介にして読者と共有した手法と同じである。ランボーの詩を通じての読者との交感が、スケーターの場合には衣装や身体表現を介する観客との交わりとなる。ヴェルネルが演技後に見せる笑顔もやはり観客への交感である。二〇一四年の世界選手権後に日本のファンへのメッセージをお願いすると、ひたすら感謝の言葉を発したヴェルネル。

初めて二〇〇二年に来日した時から応援し続けてくれた。うまくいかない時でも味方でいてくれた。そのおかげで練習に戻れたし、諦めずにここまで来られた。ありがとう、ありがとう、ありがとう！　それ以外に表現のしようがないよ。プレゼントも嬉しいけれど、わざわざ時間を割いて個人的なことを書いてくれている手紙には本物の価値がある。思い出としてずっと大事にするよ。

ヴェルネルがフリープログラムで表彰台を逃した後に見せた笑顔には長年応援してくれたファンに対する感謝の気持ちが表れていた。故国チェコの持つ深い陰翳のごとく、二面性があるからこそより人への想いが深い。そんな彼の氷上からの応答であった。

フィギュアスケートは観客を楽しませることができるところが強み。若いスケーターのコーチをする時にはフィギュアスケートは特別な芸術的なスポーツなんだということをはっきり教えることにしているんだ。自分が好きな音楽を選べるし、キャラクターを表現できる。観客を楽しませることもできる。フィギュアスケートにはショーの要素がある。独創的《ユニーク》で創意に富んで《クリエイティヴ》いて自分を表現する余地がある。だからこそフィギュアスケートには他のスポーツとはちがう独自性があるんだ。

スケートを通じて「何か」を伝えようとすることが大切だとかつて語ったヴェルネル。その「何か」は、「美」でも「強さ」でも「完璧さ」でも括れない。人を楽しませ、喜ばせたいという可視化も点数化もできない、心から発せられる観客への愛のようなものなのではないか。それは素晴らしい芸術作品が人に生きる喜びや楽しさを与えてくれることに似ている。まるで上質な喜劇を見ているかのようなプログラムを披露するヴェルネルは、その演技を通して彼の人生観を氷の上に映し出して見せる本物のエンターテイナーだ。

氷から去っても彼は人々のことを考えるエンターテイナーでい続ける。きっとこれからも転倒しても笑顔を忘れぬ深い思いやりをもってフィギュアスケートの未来を支え続けることだろう。

氷上のドリアン・グレイ

ジョニー・ウィアー

Johnny WEIR

美は天才のひとつの形だ。実際、天才よりも高い次元のものだ——美には説明などいらないのだから。美は太陽の光や春、あるいはわれわれが月と呼ぶあの銀色の貝殻が暗い水面《みなも》に映す影のように、この素晴らしい現実世界のものだ。美に疑問を投げかけることなどできない。美は神のような支配権を持つ。美しい者はその美しさゆえにみな王子になれるのだ。

（オスカー・ワイルド、筆者訳『ドリアン・グレイの肖像』より）

シャボン玉の中の幼年期――ニューヨークからクオリヴィールへ

喧噪の大都会ニューヨークをひとり歩いたことが何度あっただろう。その思い出はジョニー・ウィアーと結びつく。取材のために彼のリンクがあったニュージャージー州にニューヨークから通ったからである。ファッショナブルで流行に敏感な彼はニューヨークが大好きで、取材が終わった後に彼が勧めてくれたお店やレストランによく出向いたものだ。いつも感心したのはそのどれもがお洒落で、彼の高度な感性が店のセレクトにも光っていたことだ。スタイリッシュな都会派である彼にニューヨークはぴったりであった。だが、驚いたことにウィアーは田舎の出なのである。

マンハッタンの中心地から車で三時間ほど走ると、大都会からは程遠い光景が目の前に広がる。夏に初めて訪れた時には、羊のような雲が浮かんでいる高く大きな青空と車道の左右にどこまでも続くトウモロコシ畑の濃い緑が鮮やかな印象を残した。その緑のところどころに干し草を保管するサイロが見える。アーミッシュの馬車がすぐ横を通り過ぎていく。人の背ほどもあるトウモロコシをざわざわと揺らす風の存在に、初めてこの絵本の挿絵のような景色が現実のものだということに気がつく。

この素朴で美しい小さな田舎町がウィアーの故郷、ペンシルバニア州クオリヴィールだ。ウィアーが本格的にスケートを習う前まで住んでいた町である。

小さい時は本当に幸せだったって記憶しているよ。僕は田舎に住んでいたんだけど、まるでシャボン玉の中に住んでいるみたいだった。僕は何も知らなかったんだよ。デラウェアに引っ越した時、はじめてポップスを聞いたし、はじめて肌の色のちがう人のいる学校に通った。僕はそれまで黒人にも、アジア人にも、ユダヤ人にも会ったことがなかったんだ。そこは白人だけの世界で他から隔絶されていて、僕らは本当にクオリヴィールの外にあるものは何も知らなかった。だから、そのシャボン玉にいたということだけを覚えているよ。

クオリヴィールの優しい風に包まれていると、シャボン玉の中の幼年期が終わってから新しい町で彼を待ち受けていた様々な出来事が、無垢な田舎育ちの少年にとってどれほど輝かしくもまた苦しいものだったのかわかるような気がした。

運命の出会い

ウィアーが私の心を捉えたのは、二〇〇六年トリノ五輪、男子フリーの演技の時のことである。上半身に動くたびにひらひらとたなびくブルーのグラディエーションの布が斜めに施された衣裳。埋め込まれた小さなストーンが時々光を受けては繊細な煌《きら》めきを放つ。当時の男子スケーターには珍しいロマンティックで中性的な衣装をまとったほっそりとした身体、前髪を下ろした長めのヘアスタイル、うつむき加減の面長の顔には憂いが霧のようにうっすらと漂い、長くカールした睫毛《まつげ》が影を落とすその美貌はどこか頽廃的ですらある。その姿はまさにイギリスの世紀末を代表する作家オスカー・ワイルドの長編小説『ドリアン・グレイの肖像』に出てくる美青年ドリアン・グレイを彷彿とさせ、思わず目を奪われた。

この時のウィアーは初出場の五輪のショートで、男子フィギュア界に君臨する皇帝エフゲニー・プルシェンコに次ぐ二位につけた。しかも、自己最高点を更新する会心の出来で幸先《さいさき》のよいスタートを切ったことで米国中の期待がこのフリーの演技に集まっていた。米国の三大ネットワークのひとつNBCで全米中に中継されたこの演技の前、解説者は「銀か銅は確実に思われます」と言い、固唾《かたず》をのんで見守った。テレビの前の米国人も同じだったろう。

ピアノの低音が流れる。最初のコンビネーションジャンプを見事に決め、指先からピアノの音が流れ出るかのようなしなやかな動きで演技を始めたウィアー。だが、得意の三回転アクセルでステップアウトをすると、予定されていたコンビネーションジャンプがシングルになり、スピードも落ちて次々とミスを連発。

まったく予想外の不覚の演技を見せたウィアーは、曲が終了して顔を上げると、何が起こったのかわからないかのように肩をすくめてみせた。そして、スコアが出て表彰台圏内でないことがわかった瞬間、その緑色の瞳は失望で光を失った。瞳を伏せたまま立ち去った敗北の美青年の後ろ姿は、私の心に刻み込まれた。

総合五位に終わったこの演技に惹かれたと言うと、多くの人が首をかしげる。だが、ちょうどその頃、出口のない暗闇に迷い込んでいた私の心は、輝かしいこの青年の人生に忍び寄ろうとしていた翳りのようなものに感応していたのかもしれない。

流れるような金

ウィアーの最大の武器と言えば、なんと言ってもその美しさだろう。

「流れるような金」（"liquid gold"）――五輪のタイトルを二回獲得、世界選手権五連覇、全米選手権七連覇という華麗な肩書きを持つ米国フィギュアスケート界の大御所ディック・バトンが二〇〇六年十二月に米国で開催されたマーシャル・スケーティング・チャレンジで「白鳥」を演じた時のウィアーを評した言葉である。

ジャンプの着氷時であっても乱れることのない軽やかで流れるようなスケーティング、軸が細く高さと飛距離のある三回転アクセル、腰の位置が低く軸足がぶれないスピン、しなやかな動き、フィギュアスケートに映える細身でロマンティックな容姿、――何をとっても過不足はない。ステファン・ランビエルのスピンやブライアン・ジュベールの四回転ジャンプ、髙橋大輔のステップのように技術的に彼の代名詞となるような大きな武器はないが、見た後にすべてが自然に流れて「美しい」という印象を総合的に与えるのだ。

演技の解説を聞いていると、「美しい」という言葉がひとつのプログラムの間に必ず何度か聞かれる。他の男子スケーターではほとんど聞かない形容である。ターンする時の体のひねり、フリーレッグがまっすぐに伸びたスピンのポジション、ジャンプを下りた時のふわりとしなやかな身のこなしなど、ふとした場面で「美しい」という言葉が思わず発せられる。まさに光り輝く流動体の金が演技をしているかのような華やかさと柔らかさとが共存しているのである。

「白鳥」の死——美とエロス

たとえば、「白鳥」を舞う衣裳では、白地の上半身にクリスタルで縁取られた銀色の羽が全面にあしらわれ、右腕の白い袖の先には赤い手袋、左肩と左腕にはクリスタルが格子型に組まれたブラウンのネットと数枚の羽のみがあしらわれ、露わな肌がその隙間から覗く。この左右非対称《アシメトリー》のエッジの効いたエレガントな衣装で静かな水面《みなも》をゆったりと旋回する優雅な白鳥を表現する姿には溜息が出た。「白鳥」の衣装は、ウィアーの数ある個性的な衣装の中でも語り継がれる一着である。ストーンや羽、肌を見せる衣装はいまでこそ珍しくはなくなったが、当時は彼の個性である「美」を象徴するものだった。

二〇一四年ソチ五輪で羽生結弦がウィアーに依頼した衣装——腕の部分が透け、ビジューが輝く左右非対称《アシメトリー》というウィアーらしいデザインであった——を身に着けて金メダルを獲得したことは象徴的だ。少年時代の羽生結弦は憧れのスケーターとしてプルシェンコとウィアーの名を挙げた。対照的なスケーターであるが、少年羽生の中には王者としての強く男らしいプルシェンコと柔らかで見ていると吸い込まれていくような美の体現者としてのウィアーのふたつの相容れがたくも捨てがたい要素を高く評価する審美眼があったのだろう。そしてウィアーの美はたしかにこの若き才能あるスケーターに取り込まれて生き続けているように思われる。

もちろん、衣装だけではなく、その演技の美しさこそがウィアーの真骨頂だ。羽生結弦はこうも語ったことがある。ウィアーの演技を「男の僕でも美しいと思う」と。それはウィアー自身が見せたいと思うものを羽生の鋭敏な心が感じ取ったからなのだろう。

何か美しいものを見せること、人を幸せにしたり、人が特別なものを見られるようにしてあげたり、楽しんでもらえるような、そんな何か人の心を揺さぶるようなものを見せたいんだ。

だが、少年の心の琴線に触れた「美」は、ただ柔和な美を表すのではないだろう。時にその美は、細い筋肉によって生まれる鞭のような力強いしなやかさが入り混じったものになる。まさに白と黒と銀の衣装に片手袋の真紅が与えるのと同じ刺激、処女が身にまとう清楚な純白なドレスに一滴ついた深紅の血のように、見ている者を一瞬戦慄させるサディスティックな色気である。

ロシアの伝説のバレリーナ、アンナ・パヴロワのために作られた「白鳥」は、やはり二十世紀最高のバレリーナと称されるロシアのマイヤ・プリセツカヤが八十歳を超えてもなお踊り続けたバレエの名作である。死の訪れを予感しながらも、なお生に向かってもがき、死にゆく一羽の白鳥の数分間のドラマが凝縮されている。

華麗な三回転アクセルは白鳥の飛躍を表す。体を丸めてさまざまなポーズをとりながらも品を失わないスピンは湖面を旋回するエレガントな鳥そのもの。白鳥がふわりと大きく羽をひらく時のように腕を振るしぐさは腕のつけ根と腕との間からやわらかな空気が発するかのように優美であるのに対し、ラストの白鳥の絶命はドラマティックである。

顔を天に向け、両腕を天に向かって上げながら、つま先立ちで氷の上で細かなステップを踏み、腕をぶるっとふるわせて左腕を白鳥の翼のようにしならせて腰から上を右側に少しかたむけ、右にそむけた顔の耳元に赤のグローブをはめた右の手のひらを当てる。しなる左腕の手首が最後の音とともに力尽きてしなだれる。まさに瀕死の白鳥が息絶える直前に力をふり絞ってみせた最期の羽ばたき、その時に白鳥の全身にめぐったのであろう恍惚感《エクスタシー》を見事に表現している。演技終了後のウィアーの閉じた瞳とかすかに開いた唇、上気した頬にも一羽の鳥の死がもたらした美とエロスの痕跡がとどめられていた。まさにウィアーを代表する名プログラムである。

音楽を「感じる」心

優れた演技は見ている者を演じる者の内面へと否応なく連れ出す。ショートプログラムなら二分五十秒、フリープログラムなら四分四十秒という短い時間の旅ではあるが、私たちはスケーターが氷上に描く物語の中に誘《いざな》われる。見終わった後に一篇の詩を味わったかのように、それぞれのプログラムから心に届くものがある。どのようにしたら、これほど人の心を動かすことができるのだろうか――幸運にもフィギュアスケート専門誌で取材ができることになった時、一番ウィアーに訊いてみたいと思ったのはそこの部分であった。

音楽から物語を見つけ出すプロセスについて語るウィアーの言葉からは、曲のタイトルや喚起されるイメージから何かを表現するのではなく、奏でられる音楽そのものを「感じる」ことを大事にしていることが伝わってきた。

ただ音楽を聞く代わりに、僕はそれを感じることができる。背骨や心の中に流れ落ちてくるみたいに音楽を感じることができるし、音楽がふくらんでいくのを感じることができるんだよ。

たとえば、「白鳥」というタイトルの音楽だから「さあ、白鳥になろう」という単純な話ではないのだとウィアーは笑って語った。ハープとチェロで奏でられるサン＝サーンスの音楽からたしかに白鳥が羽ばたく音を感じ、それを表現しようとしたのだという。あの優美な羽の動きは彼が音楽から感じた白鳥の羽ばたきが再現されたものだったのだ。音楽一家に育ったわけでもなく、誰も楽器を演奏できない。アメリカの人里離れた田舎で暮らしていたウィアーはロックもポップスもティーンエイジャーになるまで耳にしたことがなかった。この「音楽を感じる心」は、「自分でどうこうできるもの以上の、天性のものじゃないかと思う」とウィアーは語る。

ウィアーの「感じる心」は音楽にとどまらない。美しいものや香り、人の気持ちなど、あらゆる面において発動する。それはセンスとも言えるし、美意識という言葉で言い換えることもできる。研ぎ澄まされた嗅覚や触覚、味覚にも置き換えられるし、思いやりという言葉でも表現できる。衣装のデザインまでこなすファッションセンス、美しい物を選び、それらに囲まれていることを心地好いと思える高い美意識、いい香り、美味しいものがわかる人特有の洗練された感性がジョニー・ウィアーというスケーターをより一層魅力的にしているのだ。

その後インタビューをするたび、新しいプログラムでは何を表現するのか尋ねたが、彼はいつも彼ならではの解釈を聞かせてくれた。トリノ五輪で私の心を鷲掴みにしたプログラム「オトナル――秋によせて」の場合は一体どのようなストーリーを表そうとしたのか。

この作品はアレクセイ・ヤグディンをソルトレイク五輪金メダリストへと導いたロシアの伝説的

コーチ、タチアナ・タラソワの振り付けである。

「オトナル――秋によせて」は難しかったね。だって、キャラクターがなくて、とっかかりがなかったから。僕たちは自分たちでそれを作り出さなければならなかった。タチアナ・アナトリャーナ（・タラソワ）が言ったんだ。「ジョニー、感じるままに滑りなさい」と。彼女は音楽の中に陶器が割れるような音が聞こえると説明してくれた。「オトナル――秋によせて」はピアノの音調が高くて、とても繊細だからね。壁に花瓶があって何かを投げつけて落下したみたいな感じ。そういった音こそが「オトナル――秋によせて」の正体だったんだ。だからあのプログラムの中で僕はその陶器になろうとした。とても壊れやすくて脆くなろうとね。

触れたら砕けてしまいそうな繊細さ。このプログラムを演じている時のクリスタルガラスのような透明感は、壊れやすい陶器そのものになっていたからこそのものだったのだ。しかし、一滴の陰鬱が波のように広がるその夢のような儚《はかな》さはトリノ五輪後に彼を襲った悪夢の序曲でもあった。

全米チャンピオンの挫折

芸術性の高い、心に訴えかけるウィアーの演技は一篇の詩を読んだ後のようにプログラムの心象風景や情景、ストーリーを観ている者の心に鮮やかに描き出してくれる。

だが、ウィアーの魅力はスケートという競技あるいは演技の枠内にとどまってはいない。彼の人生、存在そのものの魅力がスケートに投影されて観る者に力を与えてくれるからである。

たとえば、彼の競技生活。ウィアーが初めて中古のスケート靴を履いて自宅裏のトウモロコシ畑の茎の間に張った薄氷《うすらひ》を滑ったのは十二歳の時である。多くのスケーターが早くて二歳、遅くても六歳頃までには氷に触れていることを考えると、実に遅いスタートである。しかしながら、ウィアーは恐るべき才能を開花させ、それから七年後の二〇〇四年には全米チャンピオンの栄光を手にした。その後は全米選手権三連覇という快挙を成し遂げ、スケート大国アメリカの威信を背負ってトリノ五輪に出場した。その結果は惨憺たるものであった。ウィアーの競技生活の波乱万丈ぶりはドラマティックとしか言いようがない。

メダルを持ち帰れずに帰国したウィアーのところには全米中から抗議のメールが殺到し、被害は両親の家にも及んだ。毛皮をまとい、サングラスをかけ高級ブランドのバッグを肩にかけ、スターバックスのコーヒーを片手に外見ばかりを気にする軽佻浮薄なファッショニスタというイメージがつきまとっていたウィアーはよけいに批判を受けなければならなかった。

だが、見かけの華やかさとは裏腹に、実は彼は苦労の人でもある。二〇〇三年の全米選手権では演技途中にボードにぶつかり、レフリーに直訴してやり直すも、ひどい転倒をして途中でリンクを去った。この時の棄権は身勝手な振る舞いとして大きな非難を受けた。スケート界から見放されたも同然となった十八歳のウィアーは、小さな地方大会を勝ち抜いて翌年の全米選手権の出場権をやっとのことでつかみ、ノーミスの完璧な演技を披露してチャンピオンの座に輝いたのである。全米選手権は間違いなく熾烈な戦いだ。多くのアメリカ人選手が世界選手権以上に緊張するものだと口にする。たしかに、全米選手権に行くたびに男子シングルや女子シングルのみならず、アイスダンスであってもペアであっても層の厚さを感じる。

トリノ五輪で披露したプログラム「白鳥」は今でこそウィアーを代表するプログラムであるが、それまでは女子スケーターが滑る曲であったし、「オトナル――秋によせて」も繊細で抒情的で女子が滑ることもある。そうした選曲に始まり、男子にしては華美な衣装や女性と間違えられるほどの麗しさから性差別的な批判にも晒された。

「ナザレの子」の受難

このような状況で迎えた翌年の二〇〇六―二〇〇七年シーズン。ウィアーはソルトレイク五輪アイスダンスの金メダリストであるマリナ・アニシナに振り付けを依頼し、「男らしさ」と「力強さ」を前面に押し出したプログラムで勝負に出た。衣装においても肌の露出を抑え、体のラインを強調しないデザインでクリスタルもほとんど使用しなかった。フリープログラム「ナザレの子」ではイエス・キリストを演じた。

遠征先のホテルの部屋を出る時にはベッドサイドに置いた小さなイエスのイコンに向かってお祈りをしてから試合に臨んでいたウィアー。時々、氷上で十字を切る姿も見られた。敬虔なキリスト教徒というわけではないとウィアーは語っていたが、自分の努力の及ばない神の領域があることを理解し、そこに身を委ねることを知っている人独特の安寧さを彼の中に感じる瞬間がしばしばあった。

トップアスリートである以上、その双肩にかかったプレッシャーの大きさ、緊張感は傍《はた》から見る以上のものがある。それらを払拭するために選手たちは飽くなき闘争心を持ってたゆまぬ努力を重ねる。それでも、必ずそれが報われるわけではない。ソルトレイク五輪でヤグディンが金メダルに輝いた時、普段であれば絶対にミスをしないようなジャンプで転倒したプルシェンコ。本人もその時の転倒の原因はわからないと言う。五輪に限って実力以下の結果となるジュベールも「人生とは思うようにならないものです」（"Ce'st la vie."）と語る。思えば、私たちの人生も不条理に満ちている。まさに数分間で勝敗のつく試合は人生の縮図なのである。

二〇〇七年の全米選手権ではエヴァン・ライサチェクとのライバル対決が注目されたが、フリーの演技ではジャンプでの転倒などミスを連発した。演技終了後にガクッと肩を落とし、天を仰いだウィアーは、神に何を問うていたのだろう。その夜、ウィアーは全米チャンピオンの座をライサチェクに明け渡した。

新たな決断

ところが、ウィアーはそのままでは終わらなかった。

すべてを根本的に変える決断を下したのである。あの全米選手権の日から半年後、引退説も流れるなか、スケートを始めてから十二年間ずっと母親同然に公私ともに面倒をみてくれたコーチ、プリシラ・ヒルのもとを離れ、ウクライナ出身のコーチ、ガリーナ・ズミエフスカヤに師事した。後にインタビューでスケーターとして一番難しかった決断は何だったか尋ねると、この時のコーチの変更だったとウィアーは語った。辛い決断ではあったが、選手として這い上がるには必要なことだったにちがいない。

ズミエフスカヤコーチはヴィクトール・ペトレンコやオクサナ・バイウルら五輪金メダリストを育てた実績があった。友人のように仲がよく、それだけに馴れ合いのようになっていたヒルとは異なり、ズミエフスカヤコーチは旧ソ連体制のもと選手を育てた人である。技術はもちろんのこと、髪型や生活にいたるまで事細かにウィアーに干渉し、甘えを許さなかった。本来は天涯孤独であったバイウルを引き取り、メダリストに育て上げるほど情に厚いコーチであるが、厳しくすることがウィアーに必要だと判断し、あえて距離を置いていたのだろう。

リンクのあるニュージャージー州ウェインには取材のために何度か訪れた。ニューヨークのポートオーソリティ・バスセンターからバスで四十分ほど揺られたところにある、緑の木々や小川のせせらぎが素朴さを残すアメリカ郊外の住宅街で、庭つきの素敵な邸宅が点在する。バスの車窓から眺めると、サンドウィッチのサブウェイや、事務用品のオフィス・デポといった日本でもなじみのアメリカ資本の飲食店や大型店舗がある以外は、のどかな郊外といった景色がずっと続く。ガチョウが列を成して歩き、オレンジ色の花がそよ風に揺れている緑の小高い草原に銀行の研修所らしきものがある。その次の角を曲がるとウィアーが練習拠点としていたリンク、アイス・ヴォルト・アリーナが見える。

セッションは一日午前中と夕方の二回。ウィアーは車でリンクに来ると、ウォーミングアップの後、午前中は他のスケーターたちと合同で滑る。夕方は小さいリンクでウィアーひとりか、あるいはごく少数でコーチの指導を受けていた。

私は五時四十五分から始まる夕方の練習の時間が好きだった。デラウェアの知り合いの話では世界選手権前だというのに、ヒルコーチとウィアーは練習後一時間近くもおしゃべりをしていたというのだが、ここではリンクサイドで選手が飲み物を飲んだり、おしゃべりをしている姿を目にしたことがなかった。

「ユノナとアヴォス」

二〇〇七―二〇〇八年シーズンのショートプログラム「ユノナとアヴォス」がアイス・ヴォルト・アリーナのリンクに流れる。ロシアのロックオペラからとったこの曲は、戦争で引き裂かれた男女の悲恋物語で、男性が「君を忘れない」と哀切に歌うロマンティックな曲である。ロシアの文化を愛するウィアーはこの物語を気に入っており、以前からロシアでのエキシビションでこの曲を使用していた。物悲しいピアノの旋律。

夕方は迎えの親たちで人が行き交っているアイスリンクだが、六時近くなるとコーチとウィアーと私以外には誰もいない。リンク自体が水を打ったように静まり返っている。そこに音楽とウィアーのブレードが氷を削る音、そして時折響くコーチのロシア語による怒声だけが響く。ミスをしたり、コーチが気に入らないとその時点で曲は停止される。もう一度初めから、あるいはこの部分からもう一度、という練習方法。ウィアーの声はほとんど聞こえない。冷たい氷とピアノの悲し気な音、そこに煌々と光るライトと壁を占める電光デジタルの時計。あまりにも広く、冷気が漂っていて寒々しい光景だ。

ガラス一枚を隔てた私の向こうにウィアーがいる。

疲労の絶頂の中で最後の力をふりしぼって激しく、まっすぐな長い足が複雑なステップを刻んで後ろ向きに回転しながら目の前にやってくる。汗を流し、顔を真っ赤に上気させ、息もたえだえになりながら、腰をひねり、長くて白い首をしならせ、ポーズをとる。瀕死の白鳥のように思いきりのけぞらせた体は息があがっているせいか腹筋が波打つ。痛々しいくらいに肉体を酷使しているが、その疲労の限界の中で繰り広げられる滑りは独特の勢いがあり、そむけられた綺麗な顔には夕方になって伸び始めた髭がうっすらと影をつくっていた。

この美青年はいま一体どんな孤独と闘っているのだろう——その姿を見ながら思う。いつも人気者でファンに囲まれているウィアー。微笑みを絶やさない優しくて淋しがり屋の彼がこんなうら寂しいところで練習をしているなんて。五輪での失敗、五千通を超える嫌がらせのメールや脅迫状。去って行った恋人。自分の誇りであった全米のタイトルを失い、気心の知れたコーチのもとを去り、自力で家を建て十二年ぶりに一緒に暮らし始めた家族からも離れ、ひとりで新しい生活をスタートさせた。

二十三歳という年齢はスケーターとしては決して若くはない。次々に誕生し、追い上げてくる優れたジュニアの選手たち。居並ぶ強豪から全米チャンピオンの座を奪回しなくては二度とは浮かび上がれない——そんな瀬戸際にあることは本人が一番わかっているはずだ。天才だとか美少年だとか謳われ続けてきたウィアーは一体いまどんな気持ちでこの冷たい氷の上にたったひとりで立っているのだろうか。

ロシアの凍てつく夜空を想起させる哀愁漂う甘美なピアノの音色は、彼がいま置かれている状況に何とふさわしいことか。ウィアーがショーや試合で忙しいことが原因で離れて行った恋人。ウィアーはこの音楽には波のうねりを感じるから、その柔らかい波になろうとしたと語り、滑る時の心情については「別れた恋人にあまり一緒にいられなかったこと、ごめんねって伝えたい」と答えた。

ふと、二〇〇六年四月に米国で行われたアイスショーで滑った「アンチェインド・メロディ」のウィアーを思い出す。「ああ、僕の恋人、長い独りぼっちの時間、君のぬくもりをずっと求めてきたよ」というフレーズで始まるこの曲で滑るウィアーは夢のように甘美な歌声そのものであった。米国の友人とアイスショーを観に行った際、その時の演技が忘れられないと話すと、「あの演技の裏には秘話があるのよ」とウィンクをされた。あのショーの直前にウィアーは二年間愛し合った人に会っていたという。

恋人に触れてほしくて、不在の間に恋人がまだ自分のものでいてくれるのかと問う、胸がつまるほど切なく甘いあの名曲は、当時の恋人に対するウィアーの気持ちそのものだったのだろう。曲が始まると同時にゆっくりと伏せていた顔をもたげる瞬間の、あのどこを見ているのかわからないような、何かに酔っているように見開かれた、濡れたような瞳、少し開いた唇。感情が迸《ほとばし》り出るような官能的な体のしなり。スピード感のある力強い滑走。「君の愛が必要なんだ」という歌詞とともに盛り上がる曲調で決める、感極まったようなキレのいいジャンプ。それぞれの動きや表情に彼の恋人への想いが込められていたのだろう。

ふと私の心にも追憶がよぎる。そして幻のように消えていく……。それは目の前のウィアーが心に描いているものと同じなのかもしれない。

あまりにも美しくて、あまりにも切なくて涙が出そうになる。まばたきひとつせず、私は彼のたったひとりの孤独な闘いをみつめていた。一時間も経つと、かなり消耗するのか、ウィアーはもう勢いで動いているという調子で悲壮感さえ漂っている。疲労困憊の中で滑り切った「ユノナとアヴォス」は、息が止まるかと思うほどに素晴らしかった。

シーズン前の夏の日。おそらく関係者以外で誰よりも最初に新しいプログラムを目にしたのは私だったろう。だが、そんなことは問題ではなかった。ウィアーの演技は何よりその時の私の切ない心を映し出していた。愛する人と別れてたったひとりで異国のアイスリンクにいる私の心にウィアーの演技は沁みた。

立ち上がって歩き続ける

またしても夕方のトレーニング。

激しいジャンプの練習が続く。何度か転倒しても、すぐに立ち上がって、また跳んで、そのまま滑って今度はコンビネーションジャンプ。その繰り返しの中での出来事だった。ウィアーが間近に滑って来たかと思うと、大きな転倒をしたのだ。高いジャンプからの着氷に失敗してパーンと物凄い音がひと気のない氷の上に響き渡る。肘や膝を思い切り氷に打ちつけて、ブレードで削れた氷が派手に飛び散って黒いビロードのパンツや卵色のＴシャツに雪のようにたくさんはりついて真っ白になる。それまで転んでも瞬く間に起き上がっていたウィアーなのに、この時は氷に手を置いて体をだるそうにひねって起き上がろうと試みたものの、氷に手をついたまま一瞬体を動かすのをやめた。上手く跳べないもどかしさからか、無様な転がり方をした自分自身に腹を立てているのか、そのままの姿勢で泣き出しそうな、悔しそうな表情を浮かべて動こうとしなかった。

ウィアーのこんな表情を見るのは初めてだった。このまま練習を中断するのではないかとさえ思えた。何か見てはいけないものを見てしまったようないたたまれない気持ちになる。

しかし、次の瞬間、ウィアーは自分の感情を押し殺すかのようにうつむいたかと思うと、すぐに何かを振り切るように勢いよく立ち上がった。いままでの甘えを自分に許さないかのように。美しく才能もあって性格も可愛らしくて優しいウィアー。周囲の大人は彼を甘やかさずにはいられないだろう。それが本人を全米選手権三位、世界選手権八位という不本意な成績に引きずり下ろす結果となった。それを繰り返さないために選んだ道である。ここで練習をやめるわけにはいかないのだろう。ここで諦めるわけにはいかないのだろう。彼はまさに自分自身と闘っているのだ。その姿は彼の言葉に重なる。

もしも一度も倒れたことがなければ再び起き上がることがどういうことなのか決して知ることはないし、悲しいと思ったことがなければ幸せがどんなものなのかわかりはしない。

ウィアーはそのまま滑って行ってジャンプを試みる。よろけたり、転倒したり、一回転になったりしたが、とにかく休まず、ずっとジャンプを続けた。最後の方ではさすがのズミエフスカヤコーチからも「ＯＫ」が出たが、その日の練習は見ていて辛かった。

七時過ぎた頃だ。製氷車が大きな音を立ててリンク内に入ってくる。それでもコーチは練習をやめようとせず、車がまだ通っていない隅の方で、ジョニーに型を教えている。やがて、バレエのようなポーズをとってコーチに挨拶をして練習が終了する。コーチは音楽用のポータブルデッキから金色のＣＤを取り出してウィアーに渡すと、荷物を持ってさっさと奥に消えた。新しいコーチは終了後に楽しく歓談する時間などまったく取ろうとはしなかった。ひとり残されたウィアーはリンクと外との出入り口のところまで移動すると、ＣＤをケースに入れ、スケート靴の刃にカバーをつける。目が合うと、「すごく疲れたよ」と息もたえだえに言った。紅潮した顔にはいつものような笑顔もおどけた様子もなかった。疲れがピークに達しているようだった。

気のきいた言葉も出てこず、私は大きくうなずくことしかできない。しばらく無言で並んで歩く。もともと長い足がスケート靴を履いているため、さらに長く見え、八頭身を優に超えているのではないかと思われた。まるで大きな綺麗なお人形が隣にいるようだ。上半身をほとんど動かさず歩くその姿も美しかった。すると、ウィアーはいきなり立ち止まって体をこちらに向けた。何事かとこちらも立ち止まってウィアーの方を向くと、向かい合わせで立つ形になった。少し見上げたあたりには姿勢よくまっすぐに伸びた長い首から胸筋へと続く白い肌にたくさんのチャームをつけた銀のペンダントが光っていた。顔に視線を移すと、激しい運動の後の上気した顔にはいつの間にか晴れやかな笑顔が浮かんでいた。先ほどまで沈んで見えたのでほっとしてこちらも笑顔になると、ウィアーは私に向かっていつも演技終了後に観衆に向かってする、バレエのようなお辞儀をしてみせた。疲れているはずなのに、自分のことで精一杯なはずなのに、たったひとりの観客のために素敵なポーズをとってくれる彼の優しさに涙が出そうになった。

「シェルブールの雨傘」

「シェルブールの雨傘」がピアノバージョンで流れる。練習ではプログラム用の曲が一番多く流れるが、氷の上でのウォーミングアップにはロックや流行しているポップスもかかる。エディット・ピアフの「愛の讃歌」が流れることもある。その中で一番心に響いたのがこの「シェルブールの雨傘」だった。

ウィアーは以前この曲をエキシビションナンバーにしていた。甘く切ないピアノの旋律にのってウィアーが滑る。どのポーズをとっても気持ちがいいくらいにいつもあるべき場所に向かってまっすぐに伸びている手足。伏せた長い睫毛。赤い唇。白くて透明感のある肌はライトを浴びて輝いている。グレイがかったブルーのTシャツが暗鬱な曲調に合っている。腰に巻いた上着が、彼が回転するたびに一緒に優雅な弧を描く。ひとたび動き出せば、彼はもう氷上のバレリーナであった。

ウィアーに理想のスケートについて尋ねたことがある。すると、「スポーツの試合というよりも、美術館の中で目にする芸術作品のように僕のスケートを見てもらいたい」と語った。アーティストではなく、アートとしての自分を見てほしいということだ。それをウィアーは実現する。

僕は得点のことはそれほど気にはしていない。僕の演技を見ることでみんながそこからどんな感情を得るのか、それが気になるんだよ。だから、もしもみんなが一緒に演技の中に入り込んでその一部になっているように感じてくれるのなら、それはみんなが反応してくれているということなんだよ。僕にとっては、みんなを自分が演じる世界への旅に連れ出すことが重要なんだ。

この日のウィアーはまさに私を彼の演じる世界への旅に連れ出してくれた。

『シェルブールの雨傘』（仏、一九六三年）は若き日のカトリーヌ・ドヌーヴ演じるジュヌビエーヴとギイという若い恋人たちが戦争で引き裂かれる悲恋を描いたフランスのミュージカル映画だ。六十年代特有のオレンジや青といった彩度の高い衣装の色、色とりどりの雨傘。そして、フランスの港町のけぶるような陰鬱さ。ギイが戦死したと思い、彼の子どもを身籠ったまま別の男性に嫁ぐドヌーブの可憐さと妖しい魅力。戦争から負傷兵として帰還し、ジュヌビエーヴの結婚を知って絶望するギイ。ギイを支えるマドレーヌの愛。すべてをこの旋律が思い出させてくれるほどの名曲だ。

その調べに合わせてウィアーが滑っている。まるで彼の動きがそのまま映画の世界を表現しているよう。フランスの灰色の港の空気も、恋人たちの溜息も、愛のもたらす甘美も、強さも、失ったものを胸に秘めて生きるせつなさも、ウィアーの指先が、風になびく髪が、その全身が訴えているかのよう。彼には多くのプログラムがあるが、ただ曲に合わせて流しで滑っているだけで、ひとつの世界を構築することができる。映画が多くの時間を使って表現するものをたった数分間で言葉もなく、ただその体を通して生み出すウィアーの優美で繊細な動き。音楽を感じ取ってその世界を醸成して再現してくれるその感性。この時間がずっと続けばいいのに。この瞬間が……。ウィアーが滑り抜けていく度に、甘くて爽やかな香りがスケート場の冷たくはりつめた空気にふわっと漂って、鼻腔《びこう》をくすぐる。

ウォーミングアップ中も、リンク内に入るだけで、この香りでウィアーがいるかどうか、私にはいつでもわかったものだ。そばにいると、彼からはいつもいい香りがした。汗をかいているのに、体を酷使しているというのに、彼には泥臭さが微塵も感じられないのだから、不思議だ。

彼はひょっとして本当に天使なのではないだろうか。氷上を舞う彼を見ていて、何度もそう思う瞬間があった。それなら、私はその天使の舞いをうっかり見てしまった罪深い人間なのだろうか。だが、どんな罰が待っていようとも、彼の秘めやかな舞いを見る誘惑にはきっと勝てないだろう。それほどまでに夜の練習の彼は、究極の疲労の中で醸される色気とこの世の人とは思えないしなやかな艶《あでやか》さを醸していて、私を魅了し続けた。

練習終了後はふたりきりになる。ウィアーはいつも「すごく疲れたよ」と真っ赤に上気した顔で息を切らせながら言う。こちらもいつもうなずくことしかできない。不意に「明日も来てくれるの？」とウィアーが尋ねた。「ええ」と答えると、「来てくれてありがとう」という言葉が返ってきた。こちらもお礼を言って別れる。ウィアーは控え室の方に行きかけてふと振り向いた。そして言った。「君が会いに来てくれるの嬉しいよ」それも低い声でゆっくりと。彼の赤い唇から紡《つむ》ぎ出される一語一語が胸に刻印される。これほど人の言葉がお告げのようにしっかりと耳に届いたことはなかった。驚いている私に横目でウィンクを送るとウィアーは去って行った。そのピンと伸びた均整のとれた背中に向かって私はつぶやいた。「ありがとう」と。

何でもない会話のようだが、私にとっては違った。数日前、ウィアーが通常では練習見学を許可しないことを知ったのだ。「トレーニングは剝き出しの自分、裸の自分を見せるようなもの。だから僕は人が練習を見に来るのは好きではない」と公言していると知って、少なからぬショックを受けていたからだ。許可をもらったものの、見てはいけない場面を何度も見てしまったような気がして申し訳ない気持ちになっていたのである。本当に来ていいのだろうかと不安にもなっていた。ところがウィアーはまるでこちらの気持ちの襞《ひだ》に入るように、その一言で、その瞳で心配事をいとも簡単に解決してくれた。近くにいる誰もできないことを、なぜこの人はできるのだろう。その後の取材でも、孤独な異国人の私はそんなウィアーの思いやりにいつもさりげなく救われていたような気がする。

鮮やかな復活劇

ズミエフスカヤコーチのもとで新たな生活を送ったこのシーズンのウィアーは、前シーズンとは別人のごとく、グランプリシリーズ中国杯で一位、続くロシア杯でもステファン・ランビエルやジェフリー・バトルを制して一位に輝いた。ショートプログラム「ユノナとアヴォス」では、主人公の将校をイメージした立て襟のボディラインにぴったり沿った白と黒を基調にした衣装を身にまとって登場した。大量のストーンが光の反射を受けて燦然と輝きを放っている。

銀盤に舞い、ことごとくジャンプを決めるウィアーの姿を見守りながら、夏のウェインでの練習の日々がフラッシュバックする。あの日から三か月。厳しいトレーニングの甲斐があってジャンプも見事に決まり、着氷時に腕の動きをプラスするなど加点が狙える工夫も施され、前のシーズンには押し殺していた抒情的でエレガントなウィアーらしさで会場を魅了した。フリープログラム「ラブ・イズ・ウォー」でもタイトにボディラインを見せ、下半身が黒で背中に大胆な三角形の切り込みが入った白の上半身。その左胸にはハートのモチーフが赤いストーンで描かれた色気の中にキュートさが覗く衣装を着用。力強さもしなやかさも兼ね備えた演技を見せた。

「白鳥」や「オトナル――秋によせて」の繊細さに強さと確実な技術を加えてウィアーは復活した――そんな印象を多くの人たちに与えた演技であった。

しかしながら、そんなウィアーの前にまた壁が立ちはだかる。二〇〇八年ミネソタ州で開催された全米選手権で前代未聞の事態が起こったのである。この試合でもエヴァン・ライサチェクとウィアーの対決に注目が集まっていたが、ライサチェクは昨シーズンのような完璧な滑りを見せることはできなかった。

ウィアーも決して完璧ではなかったが、滑り切れたという思いがあったのだろう。フリーの演技では最後のスピンを回転しながらすでに流していた涙が、終わった瞬間に溢れ出し、顔を両手で覆った。長く孤独な練習の成果が出て感無量だったにちがいない。ところが蓋を開けてみると、何とライサチェクとウィアーは小数点第二位まで全く同じ得点だったのである。試合を見ていてこんなことが起こったのは初めてであった。結局ルールでフリー演技の得点が高かったライサチェクが一位となり、ウィアーは二位に甘んじた。

しかしながら、前シーズン、フリープログラムで大きく崩れてライサチェクと大きな得点差で敗北し、キス&クライで泣きじゃくったことを思えば、スコア上は全米チャンピオンも同等のところまで駆け上ったウィアーは完全な復活を遂げたと言ってよかった。演技終了後の取材では「一位だろうと、二位だろうと、最下位だろうと、きょう上手く滑れたことが嬉しい。自分は復活したのであり、完全にダメになったわけじゃないということを知る証明になった」と語ったウィアー。二か月後スウェーデンで開催された世界選手権でも悲願の銅メダルを獲得。金メダルを手にしたバトルと銀メダルのブライアン・ジュベールとともに表彰台に立った。

堕天使の復活

ところが、人生は再びウィアーに試練を与える。翌年の二〇〇九年の全米選手権では直前に体調を崩したこともあり、五位と大きく沈み、二〇〇三年以来初めて世界選手権への出場の切符を逃した。落胆したウィアーは現役を退くことまで考えた。

だが、五輪シーズンである二〇〇九―二〇一〇年シーズンには韓国のキム・ヨナの振り付けを担当したことで知られるデヴィッド・ウィルソンにプログラムを依頼し、セクシーで小悪魔的な魅力を発揮したショートプログラム「アイ・ラブ・ユー、アイ・ヘイト・ユー」、堕天使を演じた「フォーレン・エンジェル」を演じ、全米選手権で再び表彰台に乗り、バンクーバー五輪の出場権を手にした。若手が台頭するなか、ここぞという正念場に強い底力で這い上がったのである。
フリープログラム「フォーレン・エンジェル」では自分自身を演じるのだとウィアーは語っていた。堕天使《フォーレン・エンジェル》とは、神に反逆したため天から地上に堕ちて悪魔になった天使を指すが、ウィアーはこの堕天使の運命とフィギュアスケート界での自分の扱われ方とを重ね合わせていた。

フリープログラムでは僕はフォーレン・エンジェル（堕天使）だよ。それは僕。競技生活において何度も僕に起こってきたことなんだ。前の年、僕は正しいことをすべてやった。世界選手権ではアメリカ人で唯一のメダリストだった。高いレベルにいたから、誰も僕の悪口を言おうとはしなかった。僕は天使だったんだ。そして、今年、僕は高いレベルから落ちて突然悪魔になった。……とにかく僕の国では、人は僕の悪口を言うのに飽き足らない。だから、僕はこのキャラクター（堕天使）をはっきりと理解しているし、実物に迫ることができたらいいなと思うよ。だって、それって僕が感じていることだから。……フリープログラムは僕そのものなんだもの。

そして迎えたバンクーバー五輪。
ウィアーはショートでもフリーでもほぼ完璧な彼らしい演技を見せた。だが、ウィアーに与えられた得点は低く、会場から大ブーイングが起こった。結果は六位だった。だが、この四年に一度の大舞台でスコアに反映されないウィアーの魅力に多くの人々が気がついたようだ。コピーライターの糸井重里もそのひとりだ。糸井はこの時のウィアーを「芸術の定義そのものがそこにいた、という感じです。メダルだ、得点だ、観客だ、国だ……どれも、この人には関係ないよ、という印象に見えました。やむにやまれぬ表現欲みたいなものを、他の誰でもない自分自身に捧げている、つくづく、そういうふうに見えました」と評した。

ウィアーは一躍時の人となった。メディアでひっぱりだこになり、ファッション誌にも載り、セレブたちのパーティーに呼ばれるようになった。その結果、シーズンを締めくくる世界選手権を棄権し、休養を宣言した。CDを発売し、以前から興味のあったデザインの仕事やテレビ出演の仕事も続々と舞い込んだ。『ジョニー・ウィアー自伝』も刊行し、この中でゲイであることを公表し、話題になった。

バンクーバー五輪を制したのは全米選手権で戦ってきた積年のライバル、エヴァン・ライサチェクであった。この結果に長年にわたるアメリカスケート連盟のゲイに対する偏見を見出す人々も多かった。米国には「ファミリー向けではない」という理由でウィアーを決して出演させないアイスショーもあるという。高らかに自由を謳いながらも因習的偏見が根強い米国という国のもうひとつの顔が、ひとりのスケーターを通して浮かび上がってくる。

素顔のままで——自分らしく生きること

スケート連盟の意向をものともせず自分の心に正直に独創的な道を行くウィアーの生き方、ユーモアたっぷりで時として刺激的な言動はメディアには歓迎されたが、保守的な人々は眉をしかめた。選手時代は自分の性向について自ら語ることは決してなかったウィアーだが、他の男子スケーターと比較して女性的な衣装やプログラムを選ぶことに迷いはなかった。彼は「独創的であれ《ビー・ユニーク》」とよく口にした。ウィアーにとってフィギュアスケートとは、「自分自身を表現するための、自分らしくあるための」ものであり、「僕にとって内なるものを吐き出す流出口」である。フィギュアスケートをやっていて一番よかったことは「人とちがうことは大丈夫だって学んだこと、そして自分自身を表現することは素晴らしいということを学んだこと」とも話す。ウィアーにとって、自分らしくあることこそが生きることとの真髄なのだ。

これは、オスカー・ワイルドの作品の根底に流れる「自分自身であれ《ビー・ユアセルフ》」というメッセージと同義である。ワイルドが生きた百年前のイギリスでは同性愛はキリスト教で禁じられた重い罪とみなされていた。貴族の美青年アルフレッド・ダグラスとの同性愛の関係が明るみになった時、ワイルドの身を案じた友人たちは国外逃亡を勧めた。だが、彼は「自分の過去を否定することは自分自身を否定することになる」と友人たちの助言を拒み、従容と二年間の重労働刑の判決を受け、出獄後二年で亡くなった。彼が命を懸《か》けて守りたかったものは、人が自分の心に正直に生きることの自由であった。同性愛は律法を遵守する形骸化したキリスト者によっては阻まれる。だが、「自分自身であれ」と説くイエスは愛の罪には寛容であった。そのことをワイルドは、イエスが姦淫の罪で石を打ちつけられた女を救ったエピソードを挙げながら説く。

男性的なアスリート像を求める連盟に背き、自分を貫き通すウィアーはバンクーバー五輪での不当な採点と、彼には性判別テストが必要だとウィアーを揶揄したカナダのスポーツ番組のコメンテーターに象徴される数々の性差別に対して記者会見を開き、「ケベック州のテレビコメンテーターの発言には非常にがっかりしました。二人のコメンテーターがぼくのスケートではなくてぼくの人格そのものを非難していると感じたからです。……今は人の自由が尊重されている時代です。自分らしく生きることが許される世の中だと信じています」と堂々と自分の意見を述べた。

それは、男性同士の愛を最も高貴な愛の形とし、「今世紀にこの愛は誤解され、『人に言えぬ愛』と描写されるほどの誤解を受けています。私がいまここにいるのもそのためです」、「世間はその愛を理解しないのです。世間はその愛を嘲り笑い、時にそのために人を刑具にかけるのです」と裁判で語ったワイルドの姿勢と重なる。そもそも派手な服装と挑発的な言動で、お上品ぶっていたヴィクトリア時代のイギリス社会から白眼視されていたワイルドとフィギュアスケート界で個性を発揮する度に批判を受けてきたウィアーには共通点が多いのである。

現在ではゲイの英雄として語られるワイルドと同様に、記者会見終了後にＬＧＢＴの団体に歓迎を受けたウィアーも同性愛に対する差別に苦しむ人々に勇気を与えたにちがいない。

人生という旅の途上で

こうした波乱に満ちた人生をどう思うのかウィアーに尋ねたことがある。すると、ウィアーは次のように語った。

誰もが旅をしていて、そこでは決して簡単に通過できないことや、到達できないことが起こるものだから。だから、僕は自分が味わったつらい時期の何ひとつとして変えたいとは思わないんだ。前を見ていれば、どうしたらそういうことと折り合っていけるのかわかるものなんだよ。

こうした人生観こそウィアーその人を反映している。時には回り道をし、時には打ちのめされながらも、いつもさらに強くなって帰ってきた。翳《かげ》りの部分も含めて彼は自分の人生を愛している。戦う目の前の勝敗よりも、どのように生きるのか、心にいかに正直であるかに重きを置いている。そして彼の不死鳥のような彼の姿、その悩む姿に、私は自分を重ね合わせていたのかもしれない。そして彼の不死鳥のような復活劇は、悩み迷う私に自分を許す気持ち、高い心を起こしてくれたのである。

銀盤に咲く愛の薔薇――「ノートル＝ダム・ド・パリ」

美の求道者――テレビなどでウィアーに冠せられたキャッチコピーである。奇しくもオスカー・ワイルドも唯美主義者として同じように呼ばれることがある。

フィギュアスケートでしばしば問題になるアスリートかアーティストかという究極の選択で見ればウィアーはアーティストの要素が強い選手であった。彼が芸術というものをどのように捉えているのかが私には気になった。ウィアーはいつも、どんな質問に対しても間髪入れずにポイントから外れることなく率直に応じてくれた。しかも多彩で詩的な表現を用いてこちらが期待する以上に深い内容を返してくれたのである。

僕にとって芸術は忘我の境地にいること。……もしも完全に我を忘れて何か人の心を揺さぶるようなことができたら、それは僕にとって芸術だよ。……僕にとって美もいろいろな場所に、いろいろな方法で現れる。僕にとって美は決して完璧である必要はないんだ。花びらのない美しい花、翼が片方しかない美しい鳥。何かしらのハンディキャップを抱えた美しい子供だっているでしょう？　それらは美しい。あらゆるものに美があるんだ。

あらゆるものに美がある――ウィアーは、驚くべきことに背中が奇妙に歪み、足のよじれた片目の、誰もが顔をそむけ忌み嫌うほど醜い鐘つき男の中にも美を見出した。

二〇〇八―二〇〇九年シーズンのフリープログラム「ノートル゠ダム・ド・パリ」である。このシーズン、ウィアーはフランスのロマン主義を代表する文豪ヴィクトル・ユゴーによる同名の長編小説のミュージカルからいくつかの曲を組み合わせたメドレーを選曲した。一九九八年にパリで初演されたこのミュージカルは大好評を得たが、現在でも素晴らしい歌の数々が実力派ぞろいの名優の歌声とともに世界中で親しまれている。

婚約者がいながら美しいジプシーの娘エスメラルダに浮気心をくすぐられる近衛兵隊長フェビュス。彼を一途に愛するエスメラルダ。そんな彼女を想う醜くも心優しいノートル゠ダム大聖堂の鐘つき男カジモド。踊るエスメラルダの姿に情欲をかき立てられ、叶わぬ恋の苦しさから彼女を破滅に陥れていく司教補佐クロード・フロロ。中世のパリに聳え立つゴシック建築の華ノートル゠ダム大聖堂を背景に様々な愛と欲望が錯綜する。

このプログラムを初披露するグランプリシリーズ初戦のスケート・アメリカ。試合の直前にもかかわらず、急に取材ができることになった。すでにこのプログラムを、ひと月前に日本で開催されたアイスショーで見ていた私は試合で見るのを心待ちにしていた。

フリープログラムの音楽はメドレーであったが、アイスショーではその中の一曲「エスメラルダ」を、フランス語版でカジモド役を演じたガルーの歌声に合わせて滑った。前のシーズンのエキシビション「アヴェ・マリア」でウィアーが着用した衣装――下半身から上半身にかけてブラックからグレイ、そしてホワイトへとグラデーションを描く薄い布地にクリスタルでかたどった大きな十字架が斜めに配され、その銀色が光に当たるたびに清楚な中にも煌めきを放つ――それを着てウィアーは「エスメラルダ」を滑った。

その時ほどウィアーの演技が私の心に入ってきたことはなかったし、それ以降もない。これまでもウェインのリンクでひとりきりの観客席から目にした「シェルブールの雨傘」や「ユノナとアヴォス」など、ウィアーがその内面から紡ぎ出す物語の世界を堪能してきたつもりだった。しかし、この時の「エスメラルダ」ほど強い感動を覚えたことはなかった。まさにその演技は私にとって「心を揺さぶる」芸術そのものであった。

一体どのようにすればこれほど人の心を動かすパフォーマンスができるのだろうか。それを知りたくて仕方がなくなり、ついにスケート・アメリカが開催されるワシントン州のエヴェレットという海辺の町に飛んだ。インタビューではその核心を訊こうと心に決めていた。

ウィアーは「ノートル＝ダム・ド・パリ」を選んだ理由をこの物語が以前から大好きだったからだと語った。表現したいものは何かと訊くと、カジモドに一番関心があると言い、醜いために人に自分を曝《さら》け出すことにびくびくしているカジモドの恐怖心を表現したいと語った。ピンと背筋の伸びた姿勢で、こちらの目をまっすぐに見つめる美しい緑の瞳の青年とカジモドとを結びつけられずにいると、「誰の中にも少しはカジモドが存在するよ」と笑う。

誰にでも恐れたり、正しくないと思うものがあるんじゃないかな。とても美しいのに、どす黒いものを内に秘めているという人もいるだろうね。あるいは、美しくても顔にシミがひとつあるだけで、その人が考えることはその一点のシミだけ、ということもあるよね。だから、誰にでもびくびくしてしまうもの、世間に開示するのがこわいものが何かあるように僕には思えるんだ。

この目の前に座る美しい若者の心の深い部分に触れてしまったような気がした。心を開いて何事も正直に語る彼が誰にも知られたくない暗闇をその内に秘めている。それは彼が現役時代には決して公けにはしなかったセクシャルな問題だったのかもしれない。

君のために死ぬことは死ではない——「エスメラルダ」

ウィアーはこう語ってみせた。小説にも目を通したが、フランス語版のミュージカルでカジモド役を演じた俳優ガルーの歌声が一番参考になったと。アイスショーで使用した「エスメラルダ」は、『ノートル＝ダム・ド・パリ』という物語の白眉であるカジモドがエスメラルダに寄せる愛の美しさを表現している。

あまりの醜さゆえに人々から蔑まれ憎まれ続けてきたカジモドの心は、世間に対する怒りと敵対心に満ちていた。そんな彼の頑なな心に恋の花が芽吹いたのは、鞭打ちの刑の後一杯の水を恵んでくれたエスメラルダの優しさに触れた瞬間であった。その矢先、エスメラルダとフェビュスの逢瀬を目撃して嫉妬に狂ったフロロはエスメラルダに殺人未遂の濡れ衣を着せる。処刑にされる寸前、カジモドが治外法権のノートル＝ダム大聖堂にエスメラルダをかくまう。醜い姿を見せずに食料を彼女に届けるカジモドの愛は見返りを求めぬ愛だった。しかし、平穏な日々は続かず、エスメラルダはフロロに連れ出され、彼の愛を受け入れるか、無実の罪で処刑されるかの二者択一を迫られる。フェビュスを愛するエスメラルダはフロロの愛を拒み、絞首刑に処される。その日以来、カジモドは姿を消した。長い年月が過ぎた後、罪人が眠る納骨堂で一組の男女の遺骨が発見される。女の骨をしっかりと抱きしめている男の背骨はいびつに歪んでいた。その骨は女の骨から引き離そうとすると粉々に砕け散って消えた。

ミュージカルは原作と異なる部分もあるが、フェビュスが象徴する「権力」やフロロが象徴する「宗教」に比べて醜いカジモドのエスメラルダに対する「愛」の圧倒的な美しさを見事に表現している。特にラストでカジモドがエスメラルダの亡骸を抱きしめながら、その低いしわがれた声で絶唱する「エスメラルダ」はこのミュージカルの最大の見どころであり、カジモドが歌い終わって絶命すると同時に幕が下りたその瞬間、原作に劣らぬ感動が胸に迫ってくる。アイスショーで歌が終わった瞬間にウィアーは氷上に横たわった。その刹那、涙が溢れた。彼は、この長い物語を数分間の演技に、封じ込めたのだった。

「エスメラルダ」を滑った時、カジモドやエスメラルダのどの部分を演じようとしたのか尋ねると、次のような答えが返ってきた。

物語ではこの時点でエスメラルダはすでに死んでいて、「エスメラルダ」はカジモドの人生の最期の歌、最期の瞬間なんだ。そして彼の感情のすべてがあの歌に込められているんだよ。特にガルー（フランス語版でカジモドを演じた俳優）が歌うバージョンの中では、彼の声の中にあらゆるものを耳にすることができる。痛み、苦悩、愛といったすべてのものをね。……僕はガルーのいろいろな感情を声で表すやり方をスケートで表現したかったんだ。

フランス語版の「エスメラルダ」の歌詞を持参していった私はウィアーにそれを見せながら、「歌詞の中でどの部分が好きですか」と尋ねた。ウィアーは歌詞を眺めて珍しく少し考えてから、「僕は『君のために死ぬことは死ではない』というところが好き」と、歌詞の該当部分を指さして英語で意味を言った後に流暢なフランス語でその一節“Mourir pour tois ne'st pas mourir.”を読んだ。

かねてより文学に関心があった私は「その一節をどのように解釈しますか」ともう一歩掘り下げ

た質問を発した。

純粋な愛のようなもの。だって、物語ではカジモドは自分がものすごく愛しているもののために死んでいくところで――エスメラルダはもう死んじゃっているからね――それで、カジモドは死後、エスメラルダと一緒にいたいと思っているから。そして、彼にとって、自分の何か――この場合は命なわけだけど、――を捧げることは犠牲ではないんだ。それは彼にとって犠牲じゃない。ただもう自然なことなんだよね。それこそが本物の愛だよ。

彼は音楽を感じるだけでなく、物語そのものを感じることができるのだ。ただストーリーを再現するだけではない。その指先から表情から迸《ほとばし》り出ていたのはカジモドの怒り、恐怖心、苦しみ、愛であるが、さらに彼の心は物語から掬い出した至純の愛を銀盤に描いてみせる。カジモドの愛は銀色の氷の上に咲いた薔薇である。尊くて美しい。現実世界では叶わぬことと知りながら、この薔薇が花開く奇跡を求めずにはいられなかった私は銀盤に咲いたこの至純の愛の花をずっと愛でていたい、そんな思いに駆られた。

ウィアーはカジモドであると同時にエスメラルダでもあったのではないか。銀盤を軽やかに滑っていくウィアーは、艶やかな舞で人々を魅了したエスメラルダと重なり、観ている私をいつしか彼女の踊る姿を最期の瞬間に夢見て息絶えたカジモドの心情に引き込んでいたのだから……。

ウィアーの麗しい生《い》き様《ざま》、氷上における芸術表現は、彼自身の持つ美と結びついてより一層の輝きを放つ。「美は天才のひとつの形なのだ」——エピグラフに掲げたワイルドの『ドリアン・グレイの肖像』からの一節である。その言葉は類《たぐい》まれな美青年ドリアンに向けられたものだ。ウィアーは以前『ドリアン・グレイの肖像』を好きな小説として挙げており、自伝にもこの小説からの言葉を引用している。言動や考えが似ているだけでなく、彼がワイルド作品に共感していることを知り、最初に彼をドリアン・グレイのように感じたのは偶然ではなかったのだと不思議な思いに襲われた。

取材の時、『『ドリアン・グレイの肖像』が好きって本当?』と投げかけた私の質問に彼は間髪入れずに答えた。「うん、本当だよ。あのストーリーが好きなんだ」その答えに勇気を持って長い間思っていたことを口に出してみる。「私、あなたをドリアンみたいだって思うのよ」すると、ウィアーは何の気負いもなく鼻にかかった甘い声で言った。「僕もある意味でそう思うよ」。そして「ふふ」と朗らかに笑った。夏の陽射しに映えたその屈託のない晴れやかな笑顔は青春と美の香気に満ちて私を圧倒せずにはおかなかった、たしかに美は天才のひとつの形なのだろう。理屈抜きで人を惹きつける力を持っているのだから。

ウィアーはそれを氷の上で証明してみせる。そう、彼は氷上のドリアン・グレイなのだ。薄さ数ミリのエッジを自在に操って空気をはらみながら、髪をなびかせ銀盤を滑り抜けていくその姿。まるでキーツのエンディミオン、古代ギリシアの美少年の彫像が飛び出してきたかのような美しさで私を虜《とりこ》にする。彼はその滑りでどれだけ多くの人を支えてきたことか。

ユー・レイズ・ミー・アップ

神戸は雨が降っていた。二〇一五年七月。アイスショーを観るために東京からこの港町に訪れたのである。

多くのプロスケーターが滑るその日のアイスショーで、私が一番心を動かされたのは、「ユー・レイズ・ミー・アップ」で滑ったウィアーの演技だった。ゲストミュージシャンのサラ・オレインがバイオリンを演奏し、一番の歌詞を歌った。

落ち込んで、私の魂がとても疲れてしまった時
困難が襲ってきて、私の心が重荷を背負った時
そんな時は静けさの中、じっとしてここで待つの
あなたが来て、しばらく一緒に座ってくれるまで

あなたは私を励ましてくれる、だから山の上にだって立てる
あなたは私を励ましてくれる、嵐の海を歩けるほどに
私は強いわ、あなたの支えがある時には
あなたは私を励ましてくれる、私ができる以上に

（筆者訳）

傷ついた私の心に飛び込んできたのがスケートの光り輝く世界だった。ケルト風の哀切なメロディにのって歌われる歌詞にあの当時の自分の心が重なって思わず涙が出る。まさにその時、氷の上にすーっと滑り出てきたのがウィアーであった。

照明を落としたブルーの氷上を滑る彼にスポットライトが当たる。私の目があのウェインの冷たい夜のリンクで追いかけたあのしなやかな動き、空気を抱くような腕の動き、情感のある美しい上体のしなり、目の前で見るウィアーの動きはあの頃と少しも変わらない。なめらかな銀色の鏡の上を回転しているような優雅なスピンに癒されていた気持ちが懐かしく湧き起こってくる。あの頃の幾度の眠れぬ夜を、募る淋しさや孤独感を、流した涙を、この美しい滑りは何と優しく拭い去ってくれたことだろう。

でも、あなたが来て、素晴らしい驚きで心がいっぱいになると
時々、永遠を垣間見ていると思うの
あなたは私を励ましてくれる、だから山の上にだって立てる
あなたは私を励ましてくれる、嵐の海を歩けるほどに
私は強いわ、あなたの支えがある時には
あなたは私を励ましてくれる、私ができる以上に

（筆者訳）

ウィアーは休養して後、弁護士の男性と結婚し、ソチ五輪を目指し、復帰するも、二〇一二年秋に引退を表明した。どんなに素晴らしいスケーターにも現役を去る日がくる。それがスケーターの宿命である。

しかし、十年という歳月を経ても、いまこの瞬間、この暗い観客席からひとりその滑りを見て涙が流れて止まらない。どうしていいかわからずに迷い込んだ光のように華やかな世界。いまはフィギュアスケートの美しさに出会えたことにただ感謝している。その繊細さと優しさと美があるからこそ、その滑りがこんなにも私の心を震わせる。

各国のアイスショー、五輪、世界選手権、全米選手権、ヨーロッパ選手権、選手たちとの時間

……。様々な場面がウィアーの滑りに重なって走馬燈のように浮かんでは消えて行く。夏の陽射しの中に映えたあの時の笑顔、私に生きる力を与えてくれた瞬間をこれから何度でも思い出すだろう。時間とは永遠なのだ。利那の中に濃密で美しい人生の真実を映し出してくれたスケーターたち。銀盤から姿を消すウィアーに向かって心の中で告げている私がいた。「ありがとう」と。

エピローグ

美しいものは　永遠の喜びとなる。
その愛らしさは増し、決して　無と
消え果てることがない。それのみか　われらに
静かな木陰を保たしめ、また　甘美な夢と
健康と　静かな息吹きに充ち満ちた眠りを　与えてくれる。
だから　朝がくれば　われらを大地に
結びつける　花のきずなを編んでいる。
どんなに失意のときも、気品高い人間性に
欠けるときも、陰欝な日にも、また
われらの求める道が　どんなに不健康で
暗すぎようとも。そうだ、それでもなお
美しい姿は　暗いさまざまの心から　棺の被衣《かづき》を
取り放ってくれる。

（ジョン・キーツ、出口保夫訳「エンディミオン」『キーツ全詩集』第一巻より）

皇帝プルシェンコへのインタビュー

クリスマスシーズンを迎えたモスクワ――ボリショイ劇場のあるテアトラリーヤナ駅に降り立つと、すぐに駅前の広場に特設されたスケートリンクが目に入った。おとぎの国に出てくるようなかわいらしいパステルカラーのお城の形のボードの隙間から多くの子どもたちが滑っている姿が見える。この時期のモスクワではボリショイ劇場をはじめ、多くの劇場でバレエの「くるみ割り人形」がかかる。クリスマスと「くるみ割り人形」はロシアの人々の中では切っても切れない関係なのだろう。

エフゲニー・プルシェンコが前作「スノー・キング」に続くアイスショーとして、二〇一六年十二月二十四日に初披露したのが、スケート版「くるみ割り人形」であった。観客席に足を踏み入れると、かなり大きな会場の席はほぼ埋まっている。客層を見ると一部のスケートファンではなく、バレエを鑑賞するのと同じ感覚で子ども連れの家族が来ている。

この日、私はプルシェンコとの単独取材を約束していた。時間になると、リハーサルを終えたプルシェンコはスケート靴を履いたまま楽屋に現れ、開口一番「コーヒーを飲む?」と気遣いを見せてくれた。誰もいない静かな部屋に入ると、プルシェンコは椅子に腰を下ろし、「君の分だよ」とテーブルの中央に数本置いてあったミネラルウォーターのボトルを一本差し出してくれる。四度の五輪出場を果たし、そのすべてでメダルを手にするという偉業を成し遂げたフィギュアスケート界の皇帝。そんな人物とは思えない気さくな態度に恐縮しつつインタビューが始まった。
アイスショー「くるみ割り人形」は、子供たちに従来の五輪メダリストによるアイスショーとはちがった新しいものを氷上で見せること、家族で楽しめることを目指して作られたという。その新しいものこそ「氷上のおとぎ話《フェアリーテール・オン・アイス》」だとプルシェンコは話す。「フィギュアスケートにはいまこういうものが必要なのです。特にもっと子供たちをスケートに呼びこむためには」と真剣な面持ちで語る。「くるみ割り人形」に出演する二歳になった息子のサーシャ君の話になると嬉しそうに目を細めて笑う。その姿からは父親の顔も垣間見られた。自身の試合よりもフィギュアスケートというスポーツをどう存続させていくか、子供たちにどう興味を持ってもらうかについて語る彼の表情を見ていて、プルシェンコはもう試合に出ることはないのかもしれない。ふと、そう思った。

それぞれの個性が花開くアイスショー

プルシェンコは、本書で扱かったブライアン・ジュベール、トマシュ・ヴェルネル、ジョニー・ウィアー、高橋大輔が頭角を現す以前の二〇〇二年、ソルトレイク五輪でアレクセイ・ヤグディンと今でも語り継がれるほど激しい覇者争いを繰り広げ、一時代を築いた。結果は銀メダルに終わったが、四年後のトリノ五輪では他のスケーターを圧した異次元の領域で戦い、金メダルを獲得した。続くバンクーバー五輪では三年間のブランクの後、オリンピックイヤーになっていきなりの復帰を果たし、四回転を決め、衰えを知らぬそのパワーを見せつけて銀メダリストとして表彰台に立った。最後の五輪出場となったソチ五輪では団体戦で金メダルを手にしたものの、男子シングルの試合では練習時に腰の痛みを訴え、棄権した。皇帝がリンクから姿を消すと、盛大だった応援の声は静まり、地元ロシアの男子選手がひとりも出ない試合会場から姿を消すロシア人が後を絶たなかった。

この二〇一四年ソチ五輪の舞台で優勝したのが、少年時代、この金髪に碧眼の強いスケーターに憧れていた羽生結弦であった。引退を表明しないプルシェンコは、五度目の五輪となる平昌《ピョンチャン》五輪を目指し、羽生と戦う姿も見られるのではないかと期待する声もあった。

長い間トップに君臨してきたプルシェンコは多くのスケーターと時を共有してきた。しかも、本書で扱ったスケーターたちのすべてが彼に尊敬の念を示している。プルシェンコもまた同じである。三人のことをどのように思っているのか尋ねると、にこやかに次のように答えた。

ブライアン・ジュベール、ジョニー・ウィアー、トマシュ・ヴェルネルは「スノー・キング」に出てもらいましたが、三人ともプロフェッショナルでいい仕事をしてくれました。三人とも素晴らしい。みんな僕の友達です。現役時代には競技者として共に戦いましたが、いまではとても良い友人同士です。ジョニー・ウィアーは優美、ブライアン・ジュベールは強い、トマシュ・ヴェルネルはロマンティック。それぞれがちがうタイプのスケーターですね。みんな全然ちがう。だから全員が好きですね。みんな本当に素晴らしいスケーターですよ。

彼らは試合では戦ってきたが、お互いのことを認め合っている。それを可能にさせるのはスケートへの愛という共通する想いなのだろう。その愛の形は各々である。それぞれのスケーターが自分なりの哲学を持ち、これに応じて自分を氷に投影する。かつて、アルベールビル五輪金メダリストのヴィクトール・ペトレンコに取材した際、プロ・スケーターになった自分にとって観客の拍手が試合におけるスコアのようなものだと語っていたことが印象に残っている。試合ではスコアで勝敗がつくが、氷上では拍手を多くもらった者が勝利者なのかもしれない。本書で扱ったスケーターはすべて氷上で多くの拍手をもらえるだろう。

王者が語る「スケートの哲学」

「自分の仕事が好きです。滑っている時にみんなが楽しんでくれるのが好きなんです。みんなのために滑る――それに尽きますね。そこが好きなんですよ」と語るプルシェンコも決して強いだけではない。筋肉隆々の着ぐるみを身に着けて、パンツ一枚で楽しませてくれる「セックス・ボム」のようなプログラムは、プルシェンコのエンターテイナーとしての一面をよく表している。四回転を五回跳ぶ時代に突入したことにはジュベール同様、四回転が評価されなかった時代に苦言を呈してきたプルシェンコも喜びを隠さない。しかし、いまは新しい世代の時代であり、自分たちの時代は終わったと語る。


その時代においてのトップ選手というものは常にいるものです。ずっと以前にはブライアン・オーサー、カート・ブラウニングがいました。その世代において彼らは素晴らしかった。ヴィクトール・ペトレンコ、イリヤ・クーリックもしかりです。そして僕たちの世代、ステファン、ブライアン、ジョニー、トマシュ、僕らはその前の世代とはまたちがう世代だったのです。そしていまはまた新たな段階にきたのです。

　新しいレベルに突入したわけです。いまは新しいフィギュアスケートのやり方があり、新しい採点方式があります。以前とはまったく変わりました。フィギュアスケートはスポーツです。スポーツは進化しなければならないのです。陸上競技者《ランナー》のようにね。彼らは走るたびに新記録を更新し続けます。いまやフィギュアスケートがその時代に突入したのです。ユヅル（羽生結弦）、ハビエル・フェルナンデス、パトリック・チャンや中国の男子といったたくさんの素晴らしいスケーターたちがいます。それこそが新世代のスケーターたちなのです。

　本みたいなものですよ。新しい物語を読む。また次に新しい物語を読む。フィギュアスケートも同じことです。僕たちの世代のページはありますが、それはもうすでに読み終わったものなのです。そして、今は新しい世代のページになりました。つまり、新しい物語が始まったということです。

そして、理想のフィギュアスケートとは、すべてが揃っていること、技術と芸術がバランスを保っていることであるとプルシェンコは言い切る。

羽生結弦のことは「五輪の王者はレベルが高いですよ。どのスポーツの中でも五輪の金メダリストは頂点に立つ存在でレベルが高いものなのです。彼は強いスケーター、最高のスケーターであり続けることに集中する必要があると思います」と語る。こうした言葉に「芸術性」、「美」、「強さ」、「表現力」、「技術」といった一点ではなく、すべてが完璧であることを自らに常に課してきた王者としての自負が表れている。同時にそこにはすべてを兼ね備えてこそフィギュアスケーターであるというプルシェンコの哲学と「五輪王者らしくあること」という美学が表出している。

この取材から約三か月後、ヘルシンキで開催されていた世界選手権の最中、突然にプルシェンコが引退を表明した。伝えられた羽生結弦も「本当ですか？」とショックを隠し切れない様子であった。怪我に苦しめられ幾度もの手術に耐えつつも不敵な笑顔で常に表彰台に蘇ってきたプルシェンコ。その彼が長い選手生活にピリオドを打ったのだ。その翌日、羽生結弦がフリーで起死回生のノー・ミスの完璧な演技を披露し、金メダルを手にした。百獣の王ライオンは決して傷ついた姿を人に見せないという。プルシェンコもまたフィギュアスケート界の皇帝として自分の美学を守り抜いたのではないか。

まさに、ひとつの時代が終わり、新たな時代が始まった。そんな変換点を表す瞬間でもあった。フィギュアスケートはスポーツだけではなく、芸術でもある。そして、個々のスケーターたちの生き方がそのまま氷に現れる。目標に向かって努力し、前進する怜悧さ、心で様々なものを受けとめて表現する繊細な感性、ひたむきにスケートに自分を捧げる情熱や強さ、人を楽しませるエンターテインメント性、そして動きや容姿の優美さ――すべてのものに美が宿る。

彼らは、氷上から観客にそれらを届けてくれる。彼らが、氷から姿を消してもその美を享受し続けたい。イギリス十九世紀のロマン派詩人ジョン・キーツが長編詩「エンディミオン」の冒頭で高らかに謳い上げたように、「美しいものは永遠の喜びとなる」のだから……。

主要引用文献等

I 単行本

(i)文学に関するもの

H. Montgomery Hyde. *The Trial of Oscar Wilde*, London: Dover, 1962.

Oscar Wilde. *The Complete Works of Oscar Wilde*, London: Collins, 1983.

Oscar Wilde. *The Picture of Dorian Gray*, New York: Norton, 1988.

Walter Pater. *The Renaissance: Studies in Art and Poetry* (The 1893 Text), Berkeley, Los Angeles, London: University of California, 1980.

饗庭孝男著『フランス四季と愛の詩』東京書籍、一九九五年

ウィリアム・シェイクスピア著、小田島雄志訳『ハムレット』白水社、一九八三年

ウィリアム・シェイクスピア著、小田島雄志訳『ロミオとジュリエット』白水社、一九八三年

ウィリアム・シェイクスピア著、田中晏男訳『対訳　シェイクスピア全集（I）』山口書店、一九八九年

ジョン・キーツ著、出口保夫訳『キーツ全詩集』第一巻　白鳳社、一九七四年

トマス・マロリー著、厨川文夫・圭子訳『アーサー王の死　中世文学集I』筑摩書房、一九八六年

(ii)映画に関するもの

川本英明『フェデリコ・フェリーニ——夢と幻想の旅人』鳥影社、二〇〇五年

『世界の映画作家4　フェデリコ・フェリーニ、ルキノ・ヴィスコンティ　改訂増補版』キネマ旬報、一九七〇年

フェデリコ・フェリーニ、ジョヴァンニ・グラッツィアーニ著、竹山博英訳『フェリーニ、映画を語る』筑摩書房、一九八五年

(iii)スケートに関するもの

Johnny Weir. *Welcome to My World*, New York: Gallery Books, 2011.
髙橋大輔『be SOUL』祥伝社、二〇一〇年
髙橋大輔『それでも前を向くために　be SOUL 2』祥伝社、二〇一三年
髙橋大輔『2000days――過ごした日々が僕を進ませる』祥伝社、二〇一五年
田村明子『氷上の美しき戦士たち』新書館、二〇〇九年
中野友加里『トップスケーターの流儀　中野友加里が聞く9人のリアルストーリー』双葉社、二〇一三年
野口美恵『羽生結弦　王者のメソッド　２００８―２０１６』文藝春秋、二〇一六年
羽生結弦『蒼い炎』扶桑社、二〇一二年
羽生結弦『蒼い炎Ⅱ』扶桑社、二〇一六年

Ⅱ　雑誌・ムック・パンフレット

(i)雑誌

"Tomáš Verner, Figure Skating Ambassador: We love our hockey, but we need figure skaters too!" *Ostrava Metropolitan Magazine*, Autumn/Winter 2016/2017, Ostrava, 2017.
『Sports Graphic Number』八一七号　文藝春秋、二〇一二年
『Sports Graphic Number PLUS　Figure Skating Trace of Stars　２０１３―２０１４フィギュアスケート灼熱の銀盤』文藝春秋、二〇一三年
『Sports Graphic Number PLUS　Figure Skating Trace of Stars　２０１６―２０１７銀盤の革命者』文藝春秋、二〇一七年
『ダンスマガジン』八月号　新書館、二〇一七年
『日本フィギュアスケート　キャラクターブック　２０１０』マガジンハウス、二〇一〇年
『フィギュアスケートDays』Vol.8　ダイエックス出版、二〇〇八年
『フィギュアスケートDays』Vol.9　ダイエックス出版、二〇〇九年
『フィギュアスケートDays』Vol.10　ダイエックス出版、二〇〇九年
『フィギュアスケートDays』Vol.11　ダイエックス出版、二〇一〇年
『フィギュアスケートDays』Vol.15　ダイエックス出版、二〇一二年

『フィギュアスケートDays』Vol.16　ダイエックス出版、二〇一三年
『フィギュアスケートDays』Vol.18　ダイエックス出版、二〇一四年
『フィギュアスケートDays PLUS　２０１１―２０１２女子シングル読本』ダイエックス出版、二〇一一年
『フィギュアスケートDays PLUS　２００９―２０１０男子シングル読本』ダイエックス出版、二〇〇九年
『フィギュアスケートDays PLUS　２０１０―２０１１男子シングル読本』ダイエックス出版、二〇一〇年
『フィギュアスケートDays PLUS　２０１１―２０１２男子シングル読本　２０１１―２０１２』ダイエックス出版、二〇一一年
『フィギュアスケートDays PLUS　男子シングル読本　2012 Winter』ダイエックス出版、二〇一二年
『フィギュアスケートDays PLUS　男子シングル読本　2013 Spring』ダイエックス出版、二〇一三年
『フィギュアスケートDays PLUS　男子シングル読本　2013 Winter』ダイエックス出版、二〇一三年
『フィギュアスケートファン　世界選手権特別号』電波社、二〇一七年
『フィギュアスケートマガジン　２０１７―２０１８プレシーズン』ベースボール・マガジン、二〇一七年
『フィギュアスケートLife』Vol.10　扶桑社、二〇一七年
『ワールドフィギュアスケート別冊　アイスショーの世界２　氷上のアート&エンターテインメント』新書館、二〇一六年

(ii)ムック
『COLORS　フィギュアスケート男子シングルフォトブック』あおば出版、二〇〇六年
『PASSION　２００９フィギュアスケート男子シングルフォトブック』双葉社、二〇〇九年

(iii)パンフレット
『LOVE ON THE FLOOR 2017』新書館、二〇一七年

Ⅲ　歌詞

Alex North. "Unchained Melody," 1965
Brendan Graham. "You Raise Me Up," 2002.

Lennon-McCartney. "The Long and Winding Road," 1970.
Luc Plamondon. "Danse mon Esmeralda," from *Notre-Dame de Paris*, 1988.

Ⅳ　DVD

(i)映画

『その男ゾルバ』20世紀フォックスエンターテインメントジャパン、二〇一六年
『道』紀伊國屋書店、二〇一四年

(ii)スケートに関するもの

『Be Good Johnny WEIR 3』新書館、二〇一〇年
『羽生結弦　覚醒の時』ポニーキャニオン、二〇一四年

Ⅴ　新聞記事・インターネット・テレビ

(i)新聞記事

"2008 U.S. Figure Skating Championships: Lysacek gets the edge," *St. Paul Pioneer Press*, Monday, January 28, 2008.

(ii)インターネット

糸井重里「今日のダーリン」、『ほぼ日刊イトイ新聞』www.1101.com/archive-darling　二〇一〇年二月二十日更新
「羽生結弦、男子史上初の金!!　歴史の扉・開いた19歳／フィギュア」http://www.sanspo.com/sochi2014/news/20140216/soc14021605100042-n1.html　サンケイスポーツ、二〇一四年二月十七日更新
「髙橋大輔インタビュー」DI：GA online［ディスクガレージ　エンタメ系情報サイト］www.diskgarage.com/digaonline/interview/31353　二〇一七年三月十日更新

(iii) テレビ

"Marshall's Figure Skating Challenge 2006," ABC: December 10, 2006.
"World Figure Skating 2017," Euro Sports: March 26, 2014.
"Jeux Olympiques de Sotchi patinage de artisans," France 3. Poitou-Charentes: le 14 février, 2014.
"2015 Grand Prix Final Men's Figure Skating," NBC: December 21, 2015.
「ＮＨＫスペシャル　ミラクルボディ——第３回フィギュアスケート４回転ジャンプ〝0.7秒の美しき支配者〟」ＮＨＫ総合、二〇一〇年二月十四日放送
「あさイチ　プレミアムトーク」ＮＨＫ総合、二〇一四年八月二十八日放送
「アスリートの魂　羽生結弦〝絶対王者〟がめざす頂」ＮＨＫ総合、二〇一七年三月二十日放送
「『日本人選手が選ぶもう一度見てほしいエキシビション』フィギュアスケートグランプリシリーズ２０１２エキシビション」テレビ朝日、二〇一二年十二月九日放送
「２０１３がむしゃら！羽生結弦18歳」テレビ東京、二〇一三年一月七日放送
「全日本フィギュアスケート選手権２０１６」フジテレビ、二〇一六年十二月二十五日放送

あとがき

すごく美しいですし、自分自身、男ですけれども、何か惚れ込んでしまうような……それくらいの美しさがある。

羽生結弦が十八歳の時にジョニー・ウィアーの滑ったエキシビション・ナンバー「アヴェ・マリア」について語った言葉である。まさに、この点数化されない〈美〉こそがフィギュアスケートの真髄である。

本書の校正にいそしむ合い間をぬって、二〇一七年十一月大阪で開催されたNHK杯に出かけた。この大会でロシアのセルゲイ・ボロノフが三十歳にしてグランプリシリーズで初の金メダルを手にした。渾身のフリープログラムを演じ切った直後、息をはずませながら上げたその顔には、時を潜り抜けてきた選手だからこその晴れやかな笑みが広がっていった。ボロノフは、本書で扱った大輪の薔薇のようなスケーターたちが活躍していた時にはスポットライトを浴びる機会の少ない選手であった。

フィギュアスケートが好きだという気持ちに誠実に生き、ピークの年齢を過ぎたいま花開いたボロノフ。その笑顔の美しさに私の目は潤んでいた。スケーターの人生そのものが投影されるのもフィギュアスケートの醍醐味である。

男子フィギュアスケーターを文芸批評のように語り、その〈美〉が言葉の中で永遠に生き続けることを願う本書は、アーツアンドクラフツの小島雄社長の発案により生まれた。前作『三島由紀夫悪の華へ』に続き、新たな分野の芸術批評を書く機会を与えていただいたことに心より感謝いたします。そして、いま再び、心躍るような美しい装幀で本書の内容を視覚化して下さった芦澤泰偉氏にお礼申し上げます。

この本を翼として、さらなる〈美〉の評論という虚空を目指していければと思います。

平成二十九年十二月十日

鈴木ふさ子

鈴木ふさ子（すずき・ふさこ）
東京生まれ。文芸評論家。青山学院大学文学部英米文学科卒業。フェリス女学院大学大学院人文科学研究科英文学専攻博士後期課程修了。2003年に「オスカー・ワイルドの曖昧性―その作品に見られるキリスト教的要素とデカダンス―」で博士号（文学）取得。大学の講師を務めながら、2008年より「美の追求者」と謳われたジョニー・ウィアーを中心にフィギュアスケート専門誌で取材。現在、日本大学、青山学院大学、國學院大學で英語・英文学・比較文学を講ずる。著書に『オスカー・ワイルドの曖昧性――デカダンスとキリスト教的要素』（開文社、2005年）、『三島由紀夫　悪の華へ』（アーツアンドクラフツ、2015年、国際文化表現学会賞受賞）、共著に『比較文学の世界』（南雲堂、2005年）、『ラヴレターを読む――愛の領分』（大修館書店、2008年）等。

氷上《ひょうじょう》のドリアン・グレイ
美しき男子フィギュアスケーターたち

2018年2月10日　第1版第1刷発行

著者◆鈴木《すずき》ふさ子《こ》
発行人◆小島　雄
発行所◆有限会社アーツアンドクラフツ
東京都千代田区神田神保町2-7-17
〒101-0051
TEL. 03-6272-5207　FAX. 03-6272-5208
http://www.webarts.co.jp/
印刷　シナノ書籍印刷株式会社

落丁・乱丁本はお取り替えいたします。
ISBN978-4-908028-24-3　C0095